POLIKSEN
QORRI–
DRAGAJ

RKS^2
TRANSCENDENT
LOCALITY

HAMDI
QORRI

RKS^2
Transcendent Locality

Poliksen Qorri — Dragaj
Hamdi Qorri

Pavilion of the
Republic of Kosovo

La Biennale di Venezia

Contents / Përmbajtja

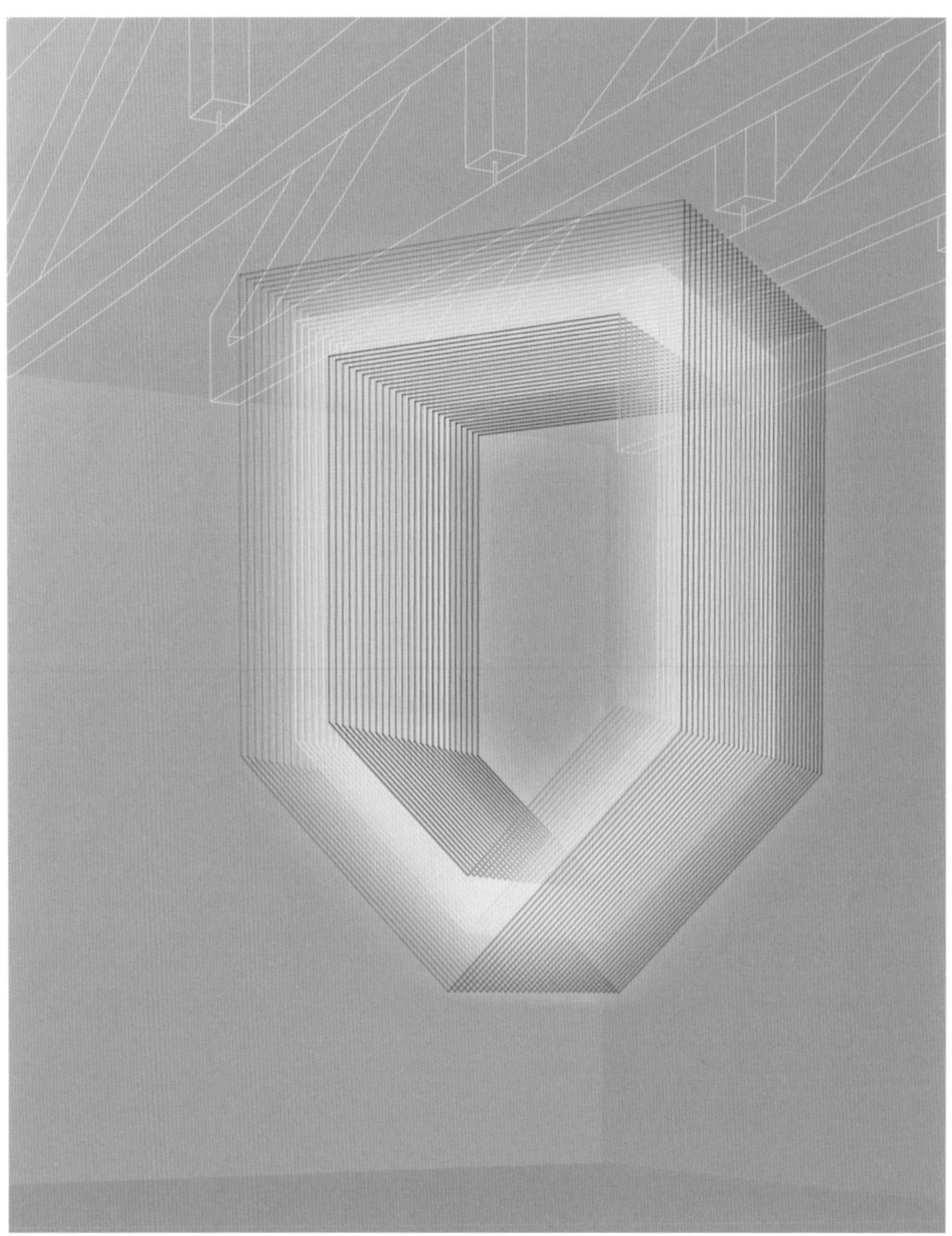

Visualization of the installation at the exhibitions space

Vizualizimi i instalimit në hapësirën e ekspozitës

Project description / Përshkrimi i projektit

Part 01

Project description

Up to the present day, migration plays a significant role in the social development of Kosovo. It manifests itself in different forms, which differ in motives, manner and duration. The exhibition deals with a special form of migration, which illustrates that the migratory process is not completed with the simple move to another country. It often takes place in different phases, some of which end in a return to the home country. This return can be temporary, seasonal or permanent, but what they all have in common is that they ensure that connections and networks of different kinds are created between the homeland and the hostland. This form of migration can be described with the concept of translocality, a model of life that is becoming more and more prevalent – people living in multiple places at the same time, maintaining connections between hostland and homeland through communication, transfer of knowledge, information, material and immaterial goods.

In the course of the tense political situation and an ever-worsening marginalization of the Albanian population during the breakdown of the Yugoslavian Republic, hundreds of thousands of people sought refuge and protection abroad. In some cases, this flight would often last for decades without return.

Përshkrimi i projektit

Deri më sot, migrimi ka pasur rol të rëndësishëm në zhvillimin social të Kosovës. Manifestohet në forma të ndryshme, të cilat dallojnë për kah motivet, mënyra dhe kohëzgjatja. Ekspozita trajton një formë të veçantë të migrimit, e cila ilustron se procesi i migrimit nuk përfundon me shpërnguljen e thjeshtë në një vend tjetër. Shpesh zhvillohet në faza të ndryshme, disa prej të cilave përfundojnë me kthimin në vendlindje. Ky kthim mund të jetë i përkohshëm, sezonal ose i përhershëm, por e përbashkëta e tyre është se ato bëjnë të mundur krijimin e lidhjeve dhe rrjeteve të llojeve të ndryshme midis vendlindjes dhe vendit emigrues. Kjo formë migrimi mund të përshkruhet me konceptin e translokalitetit, një model jete që po bëhet gjithnjë e më i përhapur - njerëzit që jetojnë në shumë vende në të njëjtën kohë, duke ruajtur lidhjet midis vendlindjes dhe vendit emigrues përmes komunikimit, transferimit të njohurive, informacionit, të mirave materiale dhe jomateriale.

Në rrjedhën e situatës së tensionuar politik edhe një margjinalizimi të përkeqësuar të popullsisë shqiptare gjatë shpërbërjes së Republikës Jugosllave, qindra mijëra njerëz kërkuan strehim dhe mbrojtje jashtë vendit. Në disa raste, kjo ikje shpesh do të zgjaste për dekada pa kthim.

During this conflict and war-related migration wave in the late 1980s to the late 1990s, people fleeing found temporary arrival mostly in OECD countries, regulated in the form of a residence permit as politically persecuted persons. This legal status did not provide for a return to the homeland as long as the reason for flight had not been resolved and lifted. For many refugees, this represented a state of waiting and lingering, because the reason for migration was not a self-determined one – on the contrary, it was violently imposed from the outside.

The perceived locality of this migration group is the starting point for a spatial-philosophical narrative: transcendent locality. The concept of transcendence is variously described and defined from ancient to contemporary philosophy. Common to all meanings is that transcendence implies the process of crossing a boundary that separates two fundamentally different spheres.

For the individuals living in migration, the circumstance of not being able to return to their homeland for an indefinite period represented a deep caesura in their lives. On the one hand, the migrated individuals were physically present in the hostlands. superficially managing their everyday life and functioning in their new environment. But on the other hand, the emotional presence was a different matter: due to the conflict, attention and thoughts revolved around the abandoned homeland, fears and insecurities often did not allow the individuals to arrive in the hostland. They were located in an intermediate state between the physical present and the abandoned before. In this state, boundaries between the immanent being in the present

Gjatë kësaj vale të migrimit për shkak të konfliktit dhe luftës në fund të viteve '80 deri në fund të viteve '90, njerëzit që iknin gjetën strehim të përkoshëm kryesisht në vendet e OBZE-së, të rregulluar në formën e një leje qëndrimi si persona të përndjekur politikë. Ky status ligjor nuk parashihte kthim në vendlindje për sa kohë nuk i ishte dhënë zgjdihje dhe fund arsyes së ikjes. Për shumë refugjatë, kjo përfaqësonte një gjendje pritjeje dhe ngecjeje, sepse arsyeja e migrimit nuk ishte nga vetëdëshira– përkundrazi, ajo ishte e imponuar me dhunë nga jashtë.

Lokaliteti i perceptuar i këtij grupi migrues është pikënisja për një narrativë hapësinore-filozofike: lokalitet transcendent. Koncepti i transcendencës përshkruhet dhe përkufizohet në mënyra të ndryshme që nga filozofia e lashtë e deri në atë bashkëkohore. E përbashkët për të gjitha kuptimet është se transcendenca nënkupton procesin e kapërcimit të një kufiri që ndan dy sfera thelbësisht të ndryshme.

Për individët që jetonin në migrim, rrethana e moskthimit në vendlindje për një periudhë të pacaktuar përfaqësonte një cezurë të thellë në jetën e tyre. Nga njëra anë, individët e që migronin ishin fizikisht të pranishëm në vendet emigruese, duke menaxhuar në mënyrë sipërfaqësore jetën e tyre të përditshme dhe funksionimin në mjedisin e tyre të ri. Por nga ana tjetër, prania emocionale ishte një çështje tjetër: për shkak të konfliktit, vëmendjes dhe mendimeve që silleshin rreth vendlindjes së braktisur, frika dhe pasiguritë shpesh nuk i lejonin individët të arrinin në vendet e huaja. Ata ndodheshin në një gjendje të ndërmjetme midis

and the transcendent being in the mind blur - the migrated individual is in a transcendent locality.

This project explores the impact of transcendent locality on immanent space in the short and long term: how the return of migrants after the war has affected Kosovar cities and how the social migration networks, which developed in the hostlands, impact on urban space in the form of translocal urbanism. It opens discussions on how urban planning can respond to these specific conditions in order to create urban resilience and liveable cities.

The installation serves as a metaphor for the idea of transcendence – the physical representation of a subjective state. It consists of an outer and an inner frame made of aluminium, in the middle of which a further frame made of neon tubes is located. All of these are multiplied horizontally.

Fragments

The installation is modularly assembled from individual parts. In the context of the project, this is how the transcendent locality is also composed. Individual fragments of memories and stories from the homeland are complemented by new impressions and experiences in the hostland and embed the transcendent locality in it. Memories and new impressions mean that this place is subject to a constant dynamic and never reaches a final state.

In between

Through migration, the center of life is left behind and, with increasing time, is supplemented by a second home in the hostland - this can be seen as

të tashmes fizike dhe asaj të braktisur më parë. Në këtë gjendje, kufijtë midis qenies imanente në të tashmen dhe qenies transcendente në mendje mjegullohen - individi migrues e gjenë veten në një lokalitet transcendent.

Ky projekt hulumton ndikimin e lokalitetit transcendent në hapësirën imanente në periudhën afatshkurtër dhe afatgjatë: si ka ndikuar kthimi i migrantëve pas luftës në qytetet kosovare dhe si rrjetet sociale të migrimit, të cilat u zhvilluan në vendet emigruese, ndikojnë në hapësirën urbane në formën e urbanizmit translokal. Ai hap diskutime se si planifikimi urban mund t'i përgjigjet këtyre kushteve specifike në mënyrë që të krijojë qëndrueshmëri urbane dhe qytete të jetueshme.

Instalacioni shërben si një metaforë për idenë transcendente - paraqitjen fizike të një gjendjeje subjektive. Ai përbëhet nga një kornizë e jashtme dhe e brendshme prej alumini, në mes të së cilës ndodhet një kornizë e mëtejshme e bërë nga tuba neoni. Të gjitha këto shumëzohen horizontalisht.

Fragmente

Instalacioni është montuar në mënyrë modulare nga pjesë të veçanta. Në kuadër të projektit, kështu është i përbërë edhe lokaliteti transcendent. Fragmente të veçanta kujtimesh dhe tregimesh nga vendlindja plotësohen me përshtypje dhe përjetime të reja në vendet emigruese dhe ngulitin lokalitetin transcendent në të. Kujtimet dhe përshtypjet e reja nënkuptojnë se ky vend i nënshtrohet një dinamike të vazhdueshme dhe nuk arrin kurrë një gjendje përfundimtare.

a gain. Translocality, however, also strengthens the state of being in between.

The exterior and interior frames pick up on this motif as fixed constructions, in which the feeling of being in between is picked up by the neon.

Multiplication

The subjective confrontation and reflection with one's own transcendent and immanent location in the context of migration is repeated again and again and becomes a constant companion.

The installation as a physical construct and as a metaphor depends very much on the individual perspective. Viewed from a distance, fragments, layers and spaces in between result in a coherent picture and, conversely, dissolve into their individual parts with increasing proximity - similar to the transcendent locality, which transforms into translocality and no longer lets people leave the intermediate state of proximity and distance between two places of being at home.

Në mes

Nëpërmjet migrimit, pjesa qëndrore e jetës lihet pas dhe, me kalimin e kohës, ajo plotësohet nga një shtëpi e dytë në vendin emigrues - kjo mund të shihet si gjë e dobishme. Translokaliteti, megjithatë, forcon njëtrajtshëm gjendjen e të qenit në mes.

Kornizat e jashtme dhe të brendshme i trajtojnë këto motive si konstruksione të fiksuara, në të cilat ndjesia e të qenit në mes vërehet nga neoni.

Shumëzimi

Përballja dhe reflektimi subjektiv me vendndodhjen e vet transcendente dhe imanente në kontekstin e migrimit përsëritet dhe bëhet një bashkëudhëtar i vazhdueshëm.

Instalacioni si konstrukt fizik dhe si metaforë varet shumë nga këndvështrimi individual. Shikuar nga larg, fragmentet, shtresat dhe hapësirat në mes rezultojnë në një pamje koherente dhe, në mënyrë të kundërt, shkrihen në pjesët e tyre individuale duke rritur afërsinë - e ngjashme me lokalitetin transcendent, i cili shndërrohet në translokalitet dhe nuk i lë më njerëzit të largohen nga gjendja e ndërmjetme e afërsisë dhe distancës midis dy vendeve të të qenit në shtëpi.

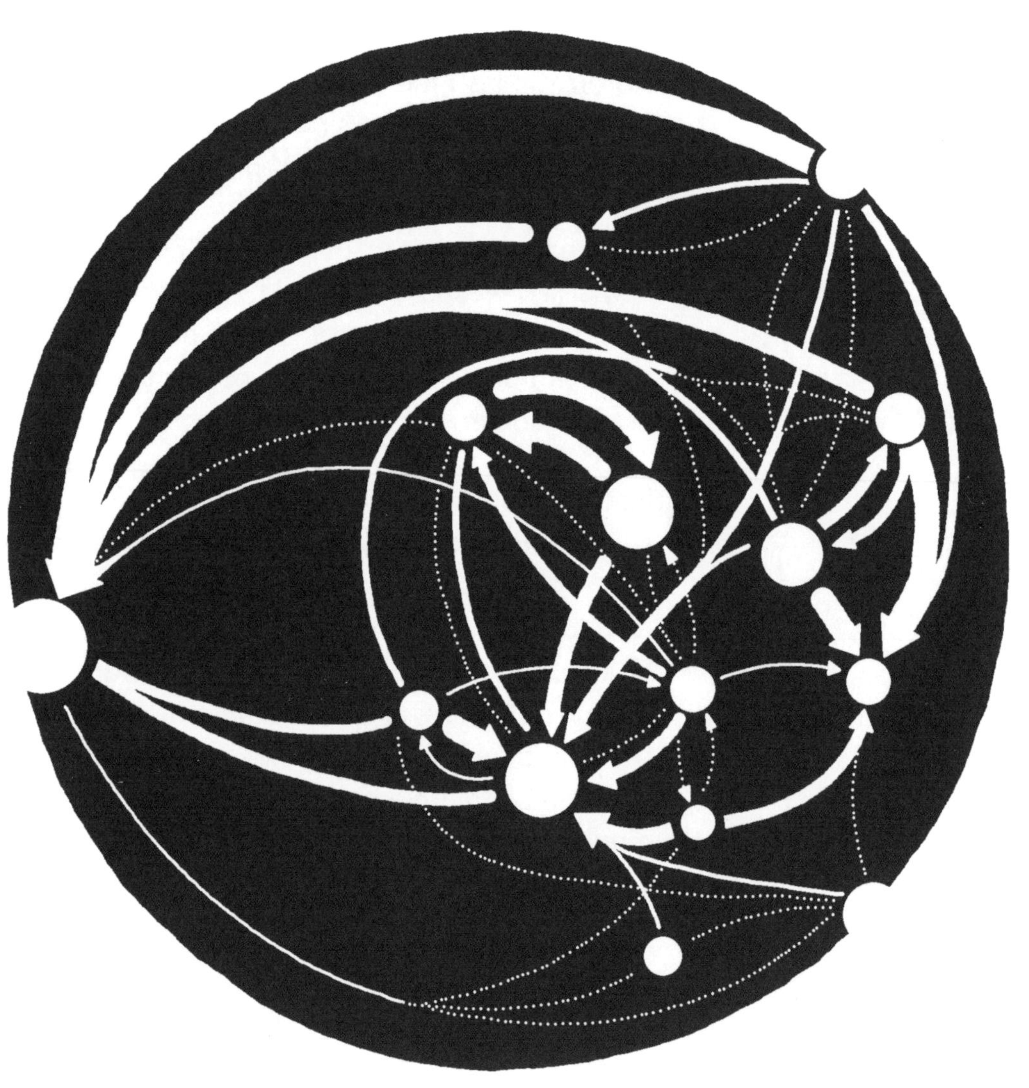

Part / Pjesa 02

Migration / Migrimi

Part 02

Migration

Migration is defined as the spatial shift of one´s centre of life to another place with experience of social, political and/or cultural demarcation[1]. Different forms of migration can be identified, such as labour migration, refugee migration, family migration or educational migration. The discourse of migration in the global context takes on an important role. As a result of globalization processes, social, economic, political and technological transformation processes are increasing and are more and more shaping our daily lives. On the one hand, distances are becoming ever shorter due to advanced technology and represent a barrier-free environment, on the other hand, borders at certain interfaces of transit are becoming increasingly impermeable due to political regulations. These boundaries and their crossing thus have a profound meaning: on the one hand, crossing them marks the passage to a place desired for various reasons, but at the same time separates the abandoned place from the current presence due to its impermeability.

Migrimi

Migrimi përkufizohet si zhvendosja hapësinore e pjesës qëndrore të jetës së dikujt në një vend tjetër me përvojë në demarkacionin social, politik dhe/ose kulturor[1]. Mund të identifikohen forma të ndryshme të migrimit, të tilla si migrimi për qëllime punësimi, migrimi i refugjatëve, migrimi familjar ose migrimi për qëllime arsimore. Diskursi i migrimit në kontekstin global merr një rol të rëndësishëm. Si rezultat i proceseve të globalizimit, proceset e transformimit social, ekonomik, politik dhe teknologjik po rriten dhe po i japin formë gjithnjë e më shumë jetës tonë të përditshme. Nga njëra anë, distancat po bëhen gjithnjë e më të shkurtra për shkak të teknologjisë së avancuar dhe përfaqësojnë një mjedis pa pengesa, nga ana tjetër, kufijtë në kryqëzime të caktuara tranziti po bëhen gjithnjë e më të padepërtueshme për shkak të rregulloreve politike. Këta kufij dhe kalimi i tyre kanë një kuptim të thellë: nga njëra anë, kalimi i tyre shënon kalimin në një vend të dëshiruar për arsye të ndryshme, por në të njëjtën kohë ndan vendin e braktisur nga prania aktuale për shkak të papërshkueshmërisë së tij.

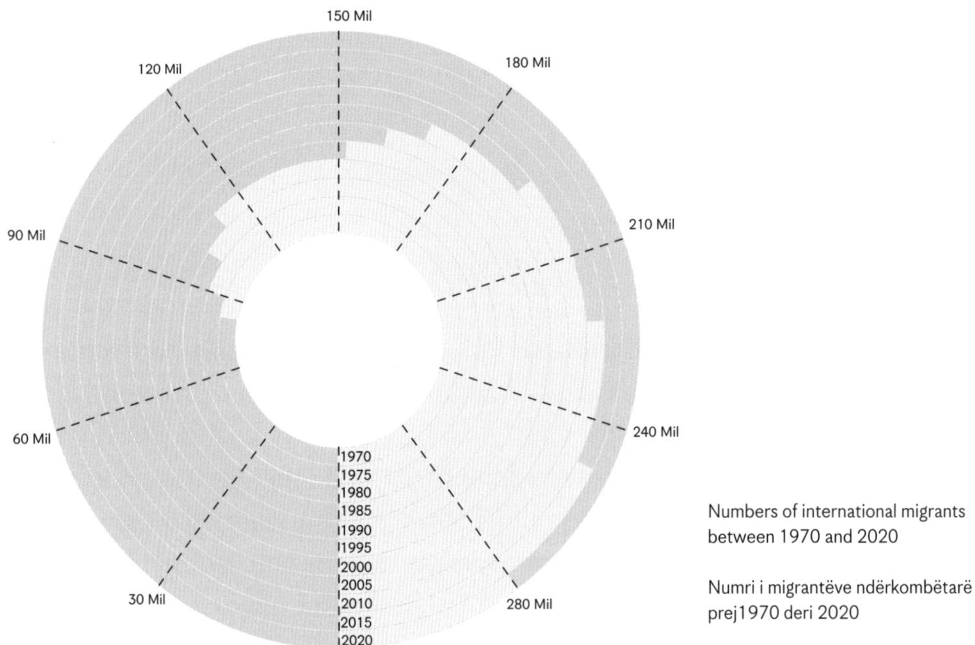

Numbers of international migrants between 1970 and 2020

Numri i migrantëve ndërkombëtarë prej1970 deri 2020

Global Migration

The world and its inhabitants are inconstant motion. The phenomenon of migration, and thus the movement of people from one place to another, is a phenomenon that dates back thousands of years. Mobile mankind has always left its current place of residence for various reasons in order to settle to a new place - sometimes permanently, but often only temporarily. The reasons for leaving the place of residence were then as they are today varied and complex. They range from migration as a life model such as among nomads, through migration due to the desire for a different, improved standard of living and personal development, to the necessary flight from the homeland due to war, conflict, or persecution. The study of migration phenomena and their causes is now part

Migrimi global

Bota dhe banorët e saj janë në lëvizje të vazhdueshme. Fenomeni i migrimit dhe rrjedhimisht lëvizja e njerëzve nga një vend në tjetrin, është një fenomen që daton mijëra vjet më parë. Njerëzit që kanë pasur mundësi të lëvizin ka lënë gjithmonë vendbanimin e tyre aktual për arsye të ndryshme për të jetuar në një vend të ri - ndonjëherë përgjithmonë, por shumicën e rasteve vetëm përkohësisht. Shkaqet e largimit nga një vendbanim i caktuar ishin asokohe siç janë sot - të ndryshme dhe komplekse. Ato variojnë nga migrimi si një model jete, siç ishte ai ndërmjet nomadëve, tek migrimi për shkak të dëshirës për një standard të ndryshëm jetese dhe zhvillimi personal të përmirësuar, deri te ikja e nevojshme nga vendlindja për shkak të luftës, konfliktit

of numerous scientific works and research, and more topical than ever.

As of 2020, 281 million people worldwide are considered migrants. This corresponds to 3.6% of the world's population[2].

The definition of the term "migrant" is not formally uniform. In order to classify this number, we will first define the term migrant as it is used in the context of this exhibition, as well as it is used for most statistical surveys. A migrant is understood as a person who moves their current centre of life to another place – across borders as an international migrant, or even within the country. The legal formal background as well as the time remain unaffected.

The meaning of the term "centre of life" is more important than the mere definition of a place of residence and work. The entire social reference and value system of an individual, in addition to the economic one, converge at one's centre of life. The overcoming of geographical borders is therefore accompanied by a spatial change of this reference system, creating an image of it in the new hostland. Like many aspects of the migration phenomenon, the centre of life cannot be definitively defined and can only be described subjectively for the most part.

Today's society is strongly influenced by the migration process of the past centuries and will continue to be changed by new trends in the future. Despite changes in one's reference systems by migrating, strong ties to the homeland are usually maintained. Various networks, both tangible and intangible, are emerging between homeland and hostland,

ose persekutimit. Studimi i fenomeneve të migrimit dhe shkaqeve të tyre është tashmë pjesë e punimeve dhe kërkimeve të shumta shkencore dhe është më aktual se kurrë.

Që nga viti 2020, 281 milionë njerëz në mbarë botën konsiderohen migrantë. Kjo korrespondon me 3.6% të popullsisë së botës[2].

Përkufizimi i termit "migrant" nuk është formalisht uniform. Për të klasifikuar këtë numër, fillimisht do të përkufizojmë termin migrant ashtu siç përdoret në kontekstin e kësaj ekspozite, dhe se si përdoret për shumicën e anketave statistikore. Migrant nënkupton një person që zhvendos qendrën e tij aktuale të jetës në një vend tjetër – përtej kufijve si migrant ndërkombëtar, apo edhe brenda vendit. Sfondi ligjor formal si dhe koha mbeten të paprekura.

Kuptimi i termit "pjesa qëndrore e jetës" është më i rëndësishëm se sa përkufizimi i thjeshtë i vendbanimit dhe vendit të punës. I gjithë sistemi i referencës shoqërore dhe vlerave të një individi, përveç atij ekonomik, kryqëzohen në pjesën qëndrore të jetës së një personi. Kapërcimi i kufijve gjeografikë shoqërohet, pra, me një ndryshim hapësinor të këtij sistemi të referencës, duke krijuar një imazh të tij në vendlindjen e re. Ashtu si shumë aspekte të fenomenit të migrimit, pjesa qëndrore e jetës nuk mund të përcaktohet në mënyrë definitive dhe mund të përshkruhet vetëm subjektivisht në pjesën më të madhe.

Shoqëria e sotme është e ndikuar fuqishëm nga procesi i migrimit të shekujve të kaluar dhe do të vazhdojë të ndryshohet nga trendet e reja në të ardhmen. Pavarësisht

offering migrants support, protection and orientation. The influences of the respective homeland on the hostland resulting from these networks, can be felt on many levels and have a lasting impact on regions and even nations in cultural, economic, social or spatial aspects.

Causes of migration

The causes and motivations for the migration of individuals are very complex and distinct. Although there are seemingly obvious factors that favour migration or, conversely, make it less attractive, no conclusive list of causes can be drawn, nor can it be divided into the categories of voluntary and involuntary migration. Only the migrant themself knows the complex, personal reasons for leaving the homeland that underlie the decision-making and weighing process. People often migrate for a variety of similar reasons. It is also possible that the meaning of individual motifs changes or shifts, so that no clear reason can be identified that would allow statistical recording.

Forms of migration

Categorizing and distinguishing between different forms of migration can offer possible explanations for the different causes, possible main motives and reasons that lead to the migration process. Through this classification, statistical data can also be collected, and measurable results can be generated. The most important and well-known forms of migration are the following:

Labour Migration

Labour migration is defined as migration for the purpose of taking up gainful employment at the destination. Labour migrants

ndryshimeve në sistemet e referencës së dikujt që migron, zakonisht mbahen lidhje të forta me vendlindjen. Rrjete të ndryshme, të prekshme dhe të paprekshme, po shfaqen midis vendlindjes dhe vendit emigrues, duke u ofruar migrantëve mbështetje, mbrojtje dhe drejtim. Ndikimet e vendlindjes respektive në vendin emigrues që rrjedhin nga këto rrjete, mund të ndihen në shumë nivele dhe kanë një ndikim të qëndrueshëm në rajone dhe madje edhe kombe në aspektin kulturor, ekonomik, social apo hapësinor.

Shkaqet e migrimit

Shkaqet dhe motivet e migrimit të individëve janë shumë komplekse dhe të ndryshme. Megjithëse ka faktorë të dukshëm që favorizojnë migrimin ose, anasjelltas, e bëjnë atë më pak tërheqës, nuk mund të hartohet një listë përfundimtare e shkaqeve dhe as nuk mund të ndahet në kategoritë e migrimit vullnetar dhe të pavullnetshëm. Vetëm migranti i di shkaqet komplekse, personale të largimit nga vendlindja, që qëndrojnë në themel të procesit të marrjes dhe peshimit të vendimit. Njerëzit shpesh migrojnë për një sërë arsyesh të ngjashme. Është gjithashtu e mundur që kuptimi i motiveve individuale të ndryshojë ose të zhvendoset, kështu që nuk mund të identifikohet asnjë arsye e qartë që do të mundësonte regjistrimin statistikor.

Format e migrimit

Kategorizimi dhe dallimi midis formave të ndryshme të migrimit mund të ofrojë shpjegime të mundshme për shkaqet e ndryshme, motivet e mundshme kryesore dhe arsyet që çojnë në procesin e migrimit. Nëpërmjet këtij klasifikimi, mund të mblidhen edhe të dhëna statistikore dhe mund të gjenerohen rezultate të matshme. Format

hope that this will increase their agency and improve their economic participation opportunities[3]. The main motives and factors for the development of a strong labour migration movement include demographic change and an aging population in the hostland, economic deprivation in the homeland and the resulting lack of opportunities to earn a wage, as well as migration or a shortage of skilled workers.

Globalization, digitalization and the high level of mobility increasingly favour and simplify taking up a job in another country. Latest official figures from 2019 from the International Labour Organisation indicate that there are 169 million migrant workers worldwide. This represents around 60% of the world's migrants, making it the largest share of international migration. The current figures in 2023 are likely to be higher. The share of men among labour migrants is about 58%. The majority of labour migrants are between 25 and 64 years old.

The three main target regions, with a total share of 60%, are North America, North -Southwestern Europe and Arab countries. In high-income countries, migrants make up around 18.5% of the workforce. In low-income countries, this number falls to only 1.4-2.2% of the workforce[4].

Labour migration is associated with a high percentage of returnees. After reaching an older age a large proportion of migrants return to their homeland.

Educational migration

Educational migration is to be understood as a special form of migration that serves the

më të rëndësishme dhe më të njohura të migrimit janë këto:

Migrimi për qëllime punësimi

Migrimi për qëllime punësimi përkufizohet si migrim me qëllim të punësimit fitimprurës në destinacion. Migrantët që migrojnë për qëllime punësimi shpresojnë se kjo do të rrisë pavarësinë e tyre dhe do të përmirësojë mundësitë e tyre të pjesëmarrjes ekonomike[3]. Motivet dhe faktorët kryesorë për zhvillimin e një lëvizjeje të fortë migracioni për qëllime punësimi përfshijnë ndryshimin demografik dhe plakjen e popullsisë në vendin emigrues, privimin ekonomik në vendlindje dhe moskrijimin e mundësive për të fituar një pagë, si dhe migrimi ose mungesa e punëtorëve të kualifikuar.

Globalizimi, dixhitalizimi dhe niveli i lartë i lëvizshmërisë favorizojnë dhe thjeshtojnë gjithnjë e më shumë gjetjen e një pune në një vend tjetër. Shifrat e fundit zyrtare nga viti 2019 nga Organizata Ndërkombëtare e Punës tregojnë se ka 169 milionë punëtorë migrantë në mbarë botën. Kjo përfaqëson rreth 60% të migrantëve në botë, duke e bërë atë pjesën më të madhe të migrimit ndërkombëtar. Shifrat aktuale në vitin 2023 ka të ngjarë të jenë më të larta. Pjesa e meshkujve në mesin e migrantëve për qëllime punësimi është rreth 58%. Shumica e migrantëve për qëllime punësimi janë midis 25 dhe 64 vjeç.

Tri rajonet kryesore të synuara, me një ndarje të përgjithshme prej 60%, janë Amerika Veriore, Evropa Veri - Jugperëndimore dhe vendet arabe. Në vendet me të ardhura të larta, migrantët përbëjnë rreth 18.5% të fuqisë punëtore. Në vendet me

purpose of education, training and qualification abroad. Many educational migrants return to their homeland after completing their education, which means that it is often a temporary migration. However, recent developments also show that many education migrants do not return to their homeland but stay in the hostland or even migrate to another country to stay there as labour migrants. As potential highly qualified workers, they are recruited by politicians, businesses and academia worldwide. The importance of studying abroad and the number of migrating students is increasing. This form of migration is also facilitated and encouraged by international cooperations between universities, digitalization, as well as favourable political factors and of course, general globalization. In 2020 there were estimated 6.3 million international students[5].

Chain migration / family reunification

Another form of migration that also provides some insight into possible reasons and causes for the migration decision; are and chain migration. Family migration, in its definition, includes both new family ties across national borders such as marriage or adoption, but also migration for the purpose of reuniting previously migrated family members in the sense of family reunification or accompanying a migrant.

The term chain migration describes a form of migration in which friends, acquaintances, or relatives follow a person who has already emigrated to a new hostland. This migration movement is favoured by the already mentioned strongly developed social network between home and hostland.

të ardhura të ulëta, ky numër bie vetëm në 1.4-2.2% të fuqisë punëtore[4].

Migrimi për qëllime punësimi shoqërohet me një përqindje të lartë të të kthyerve. Pasi të kenë arritur një moshë më të vjetër, një pjesë e madhe e migrantëve kthehen në vendlindjen e tyre.

Migrimi për qëllime arsimore

Migrimi për qëllime arsimore duhet kuptuar si një formë e veçantë migrimi që i shërben qëllimit të arsimimit, trajnimit dhe kualifikimit jashtë vendit. Shumë migrantë që migrojnë për këto qëllime kthehen në vendlindjen e tyre pas përfundimit të shkollimit, që do të thotë se shpesh bëhet fjalë për një migrim të përkohshëm. Megjithatë, zhvillimet e fundit tregojnë gjithashtu se shumë migrantë të kësaj natyre nuk kthehen në vendlindjen e tyre, por qëndrojnë në vendin emigrues apo edhe migrojnë në një vend tjetër për të qëndruar atje si migrantë për qëllime pune. Si punëtorë potencialë me kualifikim të lartë, ata rekrutohen nga politikanë, biznese dhe akademi në mbarë botën. Rëndësia e studimit jashtë vendit dhe numri i studentëve migrues po rritet. Kjo formë migrimi lehtësohet dhe inkurajohet edhe nga bashkëpunimet ndërkombëtare mes universiteteve, digjitalizimit, si dhe faktorëve të favorshëm politikë dhe natyrisht globalizimit të përgjithshëm. Në vitin 2020, numri i studentëve ndërkombëtarë ishte 6.3 milionë[5].

Migrimi zinxhir/bashkimi familjar

Një formë tjetër e migrimit që ofron gjithashtu një pasqyrë të arsyeve dhe shkaqeve të mundshme për vendimin për të migruar, është migrimi zinxhir. Migrimi familjar, në përkufizimin e tij, përfshin si lidhjet e reja

Extensive information about employment opportunities, help in finding housing and support in bureaucratic matters, for example, make it much easier for migrants to arrive in the hostland. Chain migration also illustrates that migration and the choice for a hostland is not only favoured by economic factors, but that social conditions play an important role.

Refugee migration, forced migration and displacement

According to article 1Aof the Geneva Refugee Convention, refugees are people who "owing to well-founded fear of being persecuted for reasons of race, religion, nation ality, membership of a particular social group or political opinion", are outside the country of their nationality. "They are unable or, owing to this fear, unwilling to avail themselves of the protection of their country of origin"[6]. The number of people forced to flee (civil) war, conflict, extremism, violence, persecution, or environmental disasters worldwide has never been higher. According to UNHCR's Mid-Year Trends Report, the number of forcibly displaced people worldwide is approximately 103 million. The figure includes refugees, asylum seekers, internally displaced persons and other people in need of protection. Compared to the end of 2021, this figure means that 13.6 million more people are currently displaced than in the previous year - a 15 percent increase[7].

Irregular migration

Irregular migration is defined as migration to another country without legal permission - states individually determine the conditions under which people without the respective

familjare përtej kufijve kombëtarë, si martesa ose adoptimi, por edhe migrimin për qëllimin e ribashkimit të anëtarëve të familjes që kanë migruar më parë në kuptimin e bashkimit familjar ose të shoqërimit të një migranti.

Termi migrim zinxhir përshkruan një formë migrimi në të cilën miqtë, të njohurit ose të afërmit i shkojnë pas një personi që tashmë ka emigruar në një vend të ri. Kjo lëvizje migratore favorizohet nga i sipërpërmenduri rrjet social shumë i zhvilluar në mes të vendlindjes dhe vendit emigrues. Për shembull, informacioni i gjerë rreth mundësive të punësimit, ndihma në gjetjen e strehimit dhe mbështetja në çështjet burokratike, e bëjnë shumë më të lehtë për migrantët shkuarjen në vendin emigrues. Migrimi zinxhir gjithashtu ilustron se migrimi dhe zgjedhja e vendit emigrues nuk favorizohet vetëm nga faktorët ekonomikë, por se kushtet sociale luajnë gjithashtu një rol të rëndësishëm.

Migrimi i refugjatëve, migrimi i detyruar dhe shpërngulja

Sipas nenit 1A të Konventës së Gjenevës për Refugjatët, refugjatët janë njerëz që "për shkak të frikës së bazuar se do të persekutohen për arsye race, feje, kombësie, anëtarësimi në një grup të caktuar shoqëror ose opinioni politik", ikin nga vendi i tyre i origjinës. "Ata nuk janë në gjendje ose, për shkak të kësaj frike, nuk dëshirojnë të përfitojnë nga mbrojtja e vendit të tyre të origjinës[6]". Numri i njerëzve të detyruar të ikin nga lufta (civile), konflikti, ekstremizmi, dhuna, persekutimi ose fatkeqësitë mjedisore në mbarë botën nuk ka qenë kurrë më i lartë. Sipas raportit të mesit të vitit i UNHCR-së, numri i njerëzve të zhvendosur

citizenship are allowed to enter, stay or work. If these conditions are not met from the outset or if they change during the stay, the migrants' status is considered irregular. This ranges from illegal entry without papers to "overstaying" after expired visas or rejected asylum applications. The reasons and motives are indistinguishable from those of regular migration. Reliable figures on irregular migration do not exist.

Changes in migration and outlook
What this brief introduction to global migration tries to illustrate is the complexity of this phenomenon and the different aspects and dependencies that play a significant role in it. Migration research and data collection in recent decades make it possible to reach a deeper understanding of current migration processes. Due to the dynamics of the process, it is not possible to collect data conclusively, but patterns and trends of recent decades are becoming increasingly apparent. Migration is a process triggered by fast-moving events. So, it is not surprising that the multitude of wars and civil wars currently prevalent worldwide, as well as acute climatic events, are leading to a record high of forced migrants.

Globalization and the increasing advance of technology of the world, as well as changing political conditions, make it easier than ever for a large proportion of the world's population to change their place of residence across geographical borders. The social structures and networks that have been formed over decades are increasingly conducive to this. Despite increasing mobility and technological progress, migration corridors dating back thousands of years still

me forcë në mbarë botën është afërsisht 103 milionë. Shifra përfshin refugjatë, azilkërkues, persona të zhvendosur brenda vendit dhe njerëz të tjerë që kanë nevojë për mbrojtje. Krahasuar me fundin e vitit 2021, kjo shifër do të thotë se aktualisht janë zhvendosur 13.6 milionë njerëz më shumë se një vit më parë - një rritje prej 15 për qind[7].

Migrimi i parregullt
Migrimi i parregullt përkufizohet si migrimi në një vend tjetër pa leje ligjore - shtetet përcaktojnë individualisht kushtet në të cilat personat pa shtetësinë përkatëse lejohen të hyjnë, të qëndrojnë ose të punojnë. Nëse këto kushte nuk plotësohen që në fillim ose nëse ndryshojnë gjatë qëndrimit, statusi i migrantit konsiderohet i parregullt. Kjo varion nga hyrja e paligjshme pa dokumente deri tek "mbi qëndrimi" pas skadimit të vizave ose kërkesave të refuzuara për azil. Shkaqet dhe motivet janë të ngjashme me ato të migrimit të rregullt. Shifra të besueshme për migrimin e parregullt nuk ekzistojnë.

Ndryshimet në migrim dhe këndvështrim
Ajo që kjo përmbledhje e shkurtër e migrimit global përpiqet të ilustrojë është kompleksiteti i këtij fenomeni dhe aspektet dhe varësitë e ndryshme që luajnë një rol të rëndësishëm në të. Hulumtimi i migrimit dhe mbledhja e të dhënave në dekadat e fundit bëjnë të mundur arritjen e një kuptimi më të thellë të proceseve aktuale të migrimit. Për shkak të dinamikës së procesit, nuk është e mundur të mblidhen të dhëna në mënyrë përfundimtare, por modelet dhe tendencat e dekadave të fundit po bëhen gjithnjë e më të dukshme.

play an important role. Many people migrate within a region or network.

Looking back over the past few years, migration is not a uniform process. Data provides a good snapshot of movements, but what is difficult is an outlook and a forecast for future migratory movements. The interaction of all influencing factors that set a process in motion cannot be predicted. Political and social developments can change rapidly and shift the overall fabric.

Migrimi është një proces i shkaktuar nga ngjarjet dinamike. Pra, nuk është për t'u habitur që numri i madh i luftërave dhe luftërave civile të përhapura aktualisht në mbarë botën, si dhe ngjarjet akute klimatike, po çojnë në një nivel rekord numrin e migrantëve të detyruar.

Globalizimi dhe avancimi në rritje i teknologjisë në botë, si dhe ndryshimi i kushteve politike, e bëjnë më të lehtë se kurrë për një pjesë të madhe të popullsisë së botës ndryshimin e vendbanimit përtej kufijve gjeografikë. Strukturat dhe rrjetet sociale që janë formuar gjatë dekadave janë gjithnjë e më të favorshme për këtë. Pavarësisht nga lëvizshmëria në rritje dhe përparimit teknologjik, korridoret e migrimit që datojnë mijëra vjet më parë ende luajnë një rol të rëndësishëm. Shumë njerëz migrojnë brenda një rajoni ose rrjeti.

Bazuar në vitet e fundit, migrimi nuk është një proces uniform. Të dhënat ofrojnë një imazh të qartë të lëvizjeve, por ajo që është e vështirë është këndvështrimi dhe parashikimi i lëvizjeve të ardhshme migratore. Ndërveprimi i të gjithë faktorëve ndikues që vënë në lëvizje një proces nuk mund të parashikohet. Zhvillimet politike dhe sociale mund të ndryshojnë me shpejtësi dhe rrjedhimisht të ndryshojnë strukturën e përgjithshme.

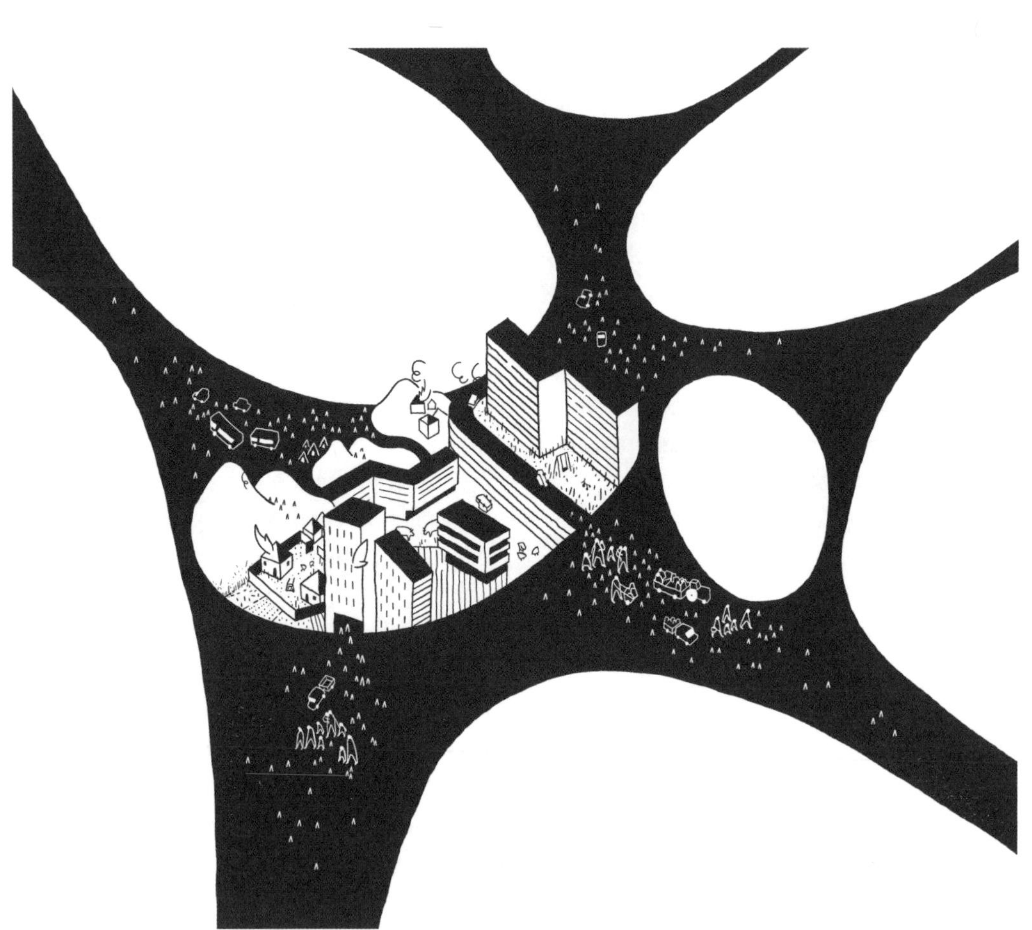

Migration in Kosovo

Historically, Kosovo has undergone many changes of power – from the rule of the Ottoman Empire (1455-1912) to the Kingdom of Yugoslavia (1918-1941) to the occupation by the German Wehrmacht (1941-1944). With the founding of the Socialist Federal Republic of Yugoslavia in 1945, Kosovo became an autonomous province of Serbia and would, until the declaration of its independence in 2008, suffer from various political divisions and conflicts, acuminating to the Kosovo-War in 1999.

Due to the political circumstances in the Socialist Federal Republic of Yugoslavia, the Kosovar population has experienced different forms of migration since 1945. The first emigration was mostly made up by labour migration. Over the time this led to chain migration: family, friends or acquaintances followed the former labour migrants and left Kosovo, building a strong social network in the hostland.

The political upheavals shortly before the disintegration of the Socialist Federal Republic of Yugoslavia at the end of the 1980s, which were characterized by repression, persecution and expulsion of Kosovo's predominantly Albanian-speaking population, brought about a change in migration patterns. This was followed by conflict-induced and, in the late 1990s, war-induced migration. The social networks of migrant workers abroad that had developed in the meantime became one of the decisive criteria in the choice of destination country for conflict- and war-related migrants.

Migrimi në Kosovë

Historikisht, Kosova ka pësuar shumë ndryshime të pushtetit – nga sundimi i Perandorisë Osmane (1455-1912) në Mbretërinë e Jugosllavisë (1918-1941) deri te pushtimi nga Wehrmacht-i gjerman (1941-1944). Me themelimin e Republikës Socialiste Federative të Jugosllavisë në vitin 1945, Kosova u bë krahinë autonome e Serbisë dhe deri në shpalljen e pavarësisë së saj në vitin 2008, vuajti nga përçarjet dhe konfliktet e ndryshme politike, që u përmbyllën me Luftën e Kosovës në vitin 1999.

Për shkak të rrethanave politike në Republikën Socialiste Federative të Jugosllavisë, popullata kosovare ka përjetuar forma të ndryshme të migrimit që nga viti 1945. Emigrimi i parë është bërë kryesisht për motive punësimi. Me kalimin e kohës, kjo çoi në migrim zinxhir: familja, miqtë ose të njohurit ndoqën ish-migrantët që shkuan për punë dhe u larguan nga Kosova, duke ndërtuar një rrjet të fortë social në vendet migruese.

Trazirat politike pak para shpërbërjes së Republikës Socialiste Federative të Jugosllavisë në fund të viteve '80, të cilat u karakterizuan nga shtypja, persekutimi dhe dëbimi i popullatës kryesisht shqipfolëse të Kosovës, sollën një ndryshim në modelet e migrimit. Kjo u pasua nga migrimi i shkaktuar nga konflikti dhe, në fund të viteve '90, i shkaktuar nga lufta. Rrjetet sociale të punëtorëve migrantë jashtë vendit që ishin zhvilluar ndërkohë u bënë një nga kriteret vendimtare në zgjedhjen e vendit të destinacionit për migrantët e lidhur me konfliktin dhe luftën.

Chronicle / Kronikë

1945

Foundation of the Socialist Federal Republic of Yugoslavia consisting of 6 republics: Slovenia, Croatia, Bosnia and Herzegovina, Montenegro, Macedonia and Serbia. Kosovo becomes an autonomous province of Serbia.

Fondacioni i Republikës Socialiste Federative të Jugosllavisë e përbërë nga 6 republika: Sllovenia, Kroacia, Bosnja dhe Hercegovina, Mali i Zi, Maqedonia dhe Serbia. Kosova bëhet krahinë autonome e Serbisë.

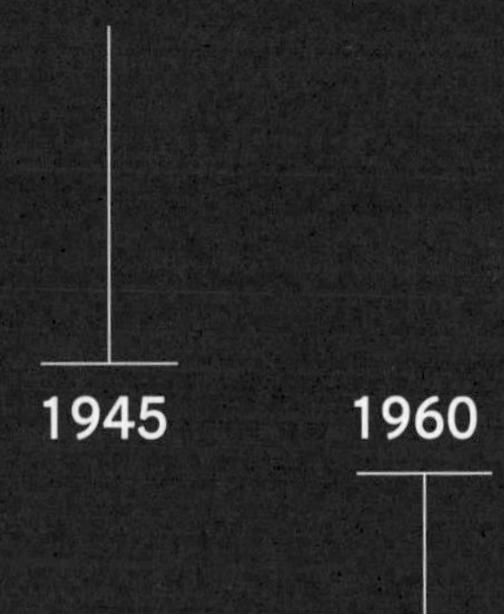

1960

Marginalization of the Albanian -speaking population and wave of migration to Turkey. Agreement by Yugoslavia on temporary departure: migration to the European labour market as guest workers.

Margjinalizimi i popullsisë shqipfolëse dhe vala e migrimit drejt Turqisë. Marrëveshja e Jugosllavisë për largim të përkohshëm: migrimi në tregun evropian të punës si punëtorë mysafirë.

1970

Foundation of University of Prishtina - with lectures in the Albanian and Serbian language.

Themelimi i Universitetit të Prishtinës - me ligjërata në gjuhën shqipe dhe serbe.

1974

Kosovo receives a constitution and becomes an equal federal body but remains a socialist autonomous province of Serbia.

Kosova miraton kushtetutën dhe bëhet organ federal i barabartë, por mbetet një krahinë autonome socialiste e Serbisë.

1980

Next wave of migration into the European labour market and continuous increase of chain migration.

Vala tjetër e migrimit në tregun evropian të punës dhe rritja e vazhdueshme e migrimit zinxhir.

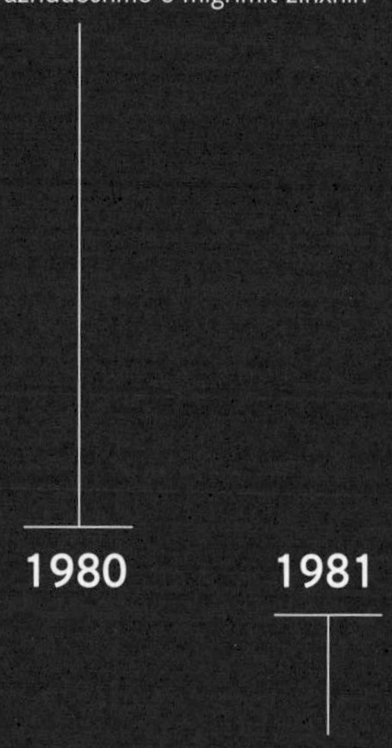

1981

Bloody student riots put down by Serbian army and police. Protesters demand the incorporation of Kosovo as a republic into the Socialist Federal Republic of Yugoslavia with corresponding assurances of human rights.

Përmbysja e trazirave të përgjakshme të studentëve nga ushtria dhe policia serbe. Protestuesit kërkojnë inkorporimin e Kosovës si republikë në Republikën Socialiste Federative të Jugosllavisë me garancitë përkatëse të të drejtave të njeriut.

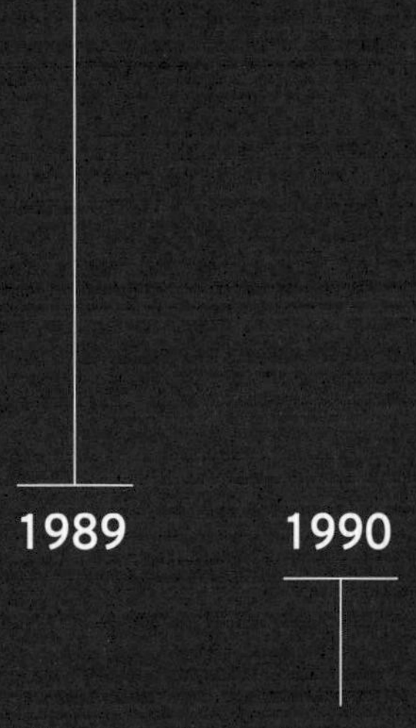

1989

Kosovo's autonomous status is revoked by Serbia: reduction of political participation of Albanians and drastic economic deterioration.

Kosovës i hiqet statusit autonom nga Serbia: zvogëlimi i pjesëmarrjes politike të shqiptarëve dhe përkeqësim drastik ekonomik.

1990

The Kosovar parliament is dissolved. Followed by a wave of dismissals from companies and public institutions and a massive increase in the unemployment rate. The "Republic of Kosova" is symbolically proclaimed under the leadership of Ibrahim Rugova. Introduction of parallel structures in education, health care and taxes financed by the Kosovo Albanian diaspora.

Shpërndahet parlamenti i Kosovës. Pasuar nga një valë largimesh nga kompanitë dhe institucionet publike dhe një rritje masive e shkallës së papunësisë. Në mënyrë simbolike shpallet "Republika e Kosovës" nën udhëheqjen e Ibrahim Rugovës. Futja e strukturave paralele në arsim, shëndetësi dhe taksa të financuara nga diaspora shqiptare e Kosovës.

1991

The Socialist Federal Republic of Yugoslavia disintegrates: Slovenia, Croatia and Bosnia and Herzegovina proclaim their independence.

Republika Socialiste Federative e Jugosllavisë shpërbëhet: Sllovenia, Kroacia dhe Bosnja dhe Hercegovina shpallin pavarësinë e tyre.

1992

Ibrahim Rugova is elected president of the self-proclaimed Republic of Kosova and stands for the non-violent resolution of the conflict with Serbia through passive resistance.

Ibrahim Rugova zgjidhet president i Republikës së vetëshpallur të Kosovës dhe ishte pro zgjidhjes paqësore të konfliktit me Serbinë përmes rezistencës pasive.

1998

Fighting by the Kosovo Liberation Army KLA and civilians against Serbian paramilitaries, military and police.

Lufta e Ushtrisë Çlirimtare të Kosovës - UÇK dhe civilëve kundër paramilitarëve, ushtrisë dhe policisë serbe.

1999

Rambouillet negotiations to resolve the conflict fail. On March 24th, 1999, NATO begins air strikes, after which Milosevic capitulates after 78 days and accepts the peace terms.

Negociatat e Rambujesë për zgjidhjen e konfliktit dështojnë. Më 24 mars 1999, NATO fillon sulmet ajrore, pas së cilës Millosheviqi kapitullon pas 78 ditësh dhe pranon kushtet e paqes.

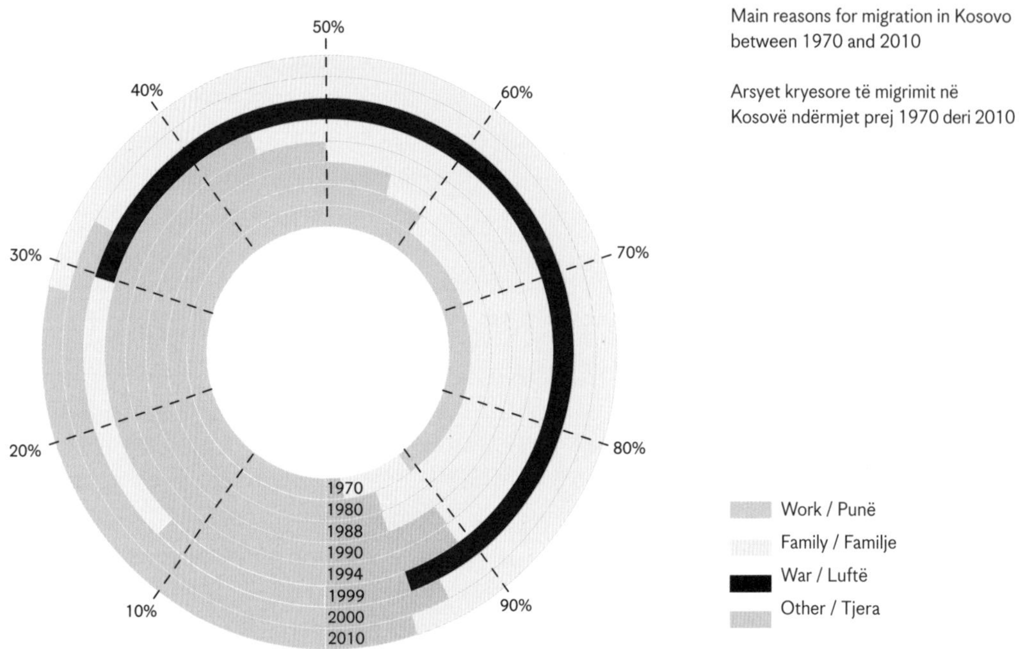

Main reasons for migration in Kosovo between 1970 and 2010

Arsyet kryesore të migrimit në Kosovë ndërmjet prej 1970 deri 2010

Labour migration in Kosovo

Following World War II, the Socialist Federal Republic of Yugoslavia was founded, and Kosovo was considered an autonomous province of Serbia. The borders of Yugoslavia were not open at that time, so the labour migration of Kosovo Albanians was initially limited to a regional scale. This was to change in 1965, due to economic stagnation, the related introduction of liberal economic laws and a more relaxed emigration policy of the Yugoslav Federation, which allowed temporary emigration of workers[8].

This form of temporary migration relieved the Central, Western and Northern European labour market, particularly in Germany, Austria and Switzerland. Most

Migrimi për qëllime punësimi në Kosovë

Pas Luftës së Dytë Botërore, u themelua Republika Socialiste Federative e Jugosllavisë dhe Kosova konsiderohej krahinë autonome e Serbisë. Kufijtë e Jugosllavisë në atë kohë nuk ishin të hapur, kështu që migrimi për qëllime punësimi i shqiptarëve të Kosovës fillimisht ishte i kufizuar në shkallë rajonale. Kjo do të ndryshonte në vitin 1965, për shkak të stagnimit ekonomik, futjes në fuqi të ligjeve ekonomike liberale përkatëse dhe një politike më të relaksuar emigrimi të Federatës Jugosllave, e cila lejoi emigrimin e përkohshëm të punëtorëve[8].

Kjo formë e migrimit të përkohshëm lehtësoi tregun e punës në Evropën Qendrore, Perëndimore dhe Veriore, veçanërisht në

of these countries had a high demand for workers due to war losses, overseas emigration, and the division of the labour market by the Iron Curtain. Targeted recruitment agreements have therefore been negotiated with Southern and Southeastern European countries, including the Socialist Federal Republic of Yugoslavia. The proportion of Kosovo Albanian migrant workers in Europe rose slowly: in 1960 only 0. 4% of Yugoslav migrant workers came from Kosovo, in 1970 it was 4.7%[9]. The workers were mostly men who wanted earn money as a financial buffer abroad for a short period of time. Although their motivation to emigrate was due to economic circumstances, the planning involved allowed for mental preparation and the weighing up of the migration decision. This decision was also facilitated by the political environment of both the country of origin and the countries of destination, which were highly dependent on foreign workers.

In this sense, all three participants agreed on the framework conditions for temporary migration: Yugoslavia suffered from economic stagnation, hoped for an easing of the labour market and an economic recovery due to temporary migration. European countries regarded their so-called guestworkers as labour surplus to make up the deficit in the labour market. The migrant workers main goal is to make money abroad for a short period of time, which they would then invest back home after their return. At the time, however, no changes in development was foreseeable for any of the parties involved: labour migration would turn out to not be a temporary state and most of the labour migrants would turn out

Gjermani, Austri dhe Zvicër. Shumica e këtyre vendeve kishin kërkesë të madhe për punëtorë për shkak të humbjeve nga lufta, emigrimit jashtë shtetit dhe ndarjes së tregut të punës nga Perdja e Hekurt. Prandaj, marrëveshjet e synuara të rekrutimit janë negociuar me vendet e Evropës Jugore dhe Juglindore, duke përfshirë Republikën Socialiste Federative të Jugosllavisë.

Përqindja e punëtorëve migrantë shqiptarë të Kosovës në Evropë u rrit ngadalë: në vitin 1960 vetëm 0.4% e punëtorëve migrantë jugosllavë vinin nga Kosova, në vitin 1970 ishte 4.7%[9]. Punëtorët ishin kryesisht burra që donin të fitonin para për të krijuar një fond rezervë për një periudhë të shkurtër kohe. Megjithëse arsyet e tyre për të emigruar ishte për shkak të rrethanave ekonomike, planifikimi i përfshirë lejonte përgatitjen mendore dhe peshimin e vendimit për të migruar. Ky vendim u lehtësua edhe nga mjedisi politik i vendit të origjinës dhe vendeve të destinacionit, të cilat vareshin shumë nga punëtorët e huaj.

Në këtë kuptim, të tre pjesëmarrësit ranë dakord për kushtet bazë për migrimin e përkohshëm: Jugosllavia vuante nga stagnimi ekonomik, shpresonte për një lehtësim të tregut të punës dhe një rimëkëmbje ekonomike për shkak të migrimit të përkohshëm. Vendet evropiane i konsideronin të ashtuquajturit punëtorë mysafirë si tepricë të fuqisë punëtore për të kompensuar deficitin në tregun e punës. Qëllimi kryesor i punëtorëve migrantë është të fitojnë para jashtë vendit për një periudhë të shkurtër kohe, të cilat më pas do t'i investojnë në vendlindje pas kthimit të tyre. Megjithatë, në atë kohë, asnjë ndryshim

to remain in the destination country longer than expected. Max Frisch coined the quote in this context: „We called for workers, and there came people."[10]. Thus, the longer the stay of the labour migrants in the destination country, the more continuously the rate of chain migration increased: the families moved to the European countries to join the labour migrants.

Conflict-related migration

At the same time, changes were taking place in Yugoslavia in favor of the Kosovo Albanian population. In 1974 Kosovo received a constitution and became an equal federal body, though not a republic with social and economic reforms. It remained as a socialist autonomous province of Serbia. The founding of the University of Prishtina in 1970, which offered lectures in both the Albanian and the Serbian language, also represented an important milestone. After Tito's death, student protests took place in 1981. The main demand of the protesters was the incorporation of Kosovo as a republic into Yugoslavia with a corresponding assurance of human rights.

The protests were classified as a revolution by the Serbian authorities and brutally put down. As a result, Albanian and Serbian fronts increasingly intensified. From the mid 1980s on, anti-Albanian resentment was systematically stirred up by many Serbian intellectuals and the then Serbian President of Socialist Republic of Serbia Slobodan Milosevic. In 1989, Kosovo's autonomous status was revoked by Serbia, marking the beginning of the forced Serbian administration: The political participation of Kosovo Albanians was reduced to a minimum and

në zhvillim nuk ishte i parashikueshëm për asnjërën nga palët e përfshira: migrimi për qëllime punësimi rezultoi të mos ishte një gjendje e përkohshme dhe shumica e migrantëve që shkuan për punë qëndruan në vendin e destinacionit më gjatë se sa pritej. Max Frisch shpiku thënien lidhur me këtë kontekst: "Ne patëm nevojë për punëtorë dhe na erdhën banorë."[10] Kështu, sa më i gjatë të ishte qëndrimi i punëtorëve migrantë në vendin e destinacionit, aq më shumë rritej shkalla e migrimit zinxhir: familjet u zhvendosën në vendet evropiane për t'iu bashkuar punëtorëve migrantë.

Migrimi për shkak të konfliktit

Në të njëjtën kohë në Jugosllavi po ndodhnin ndryshime në favor të popullatës shqiptare të Kosovës. Në vitin 1974 Kosova miratoi kushtetutën dhe u bë organ federal i barabartë, por jo republikë me reforma sociale dhe ekonomike. Ajo mbeti si krahinë autonome socialiste e Serbisë. Themelimi i Universitetit të Prishtinës në vitin 1970, i cili ofronte ligjërata në gjuhën shqipe dhe serbe, ishte gjithashtu një moment historik i rëndësishëm. Pas vdekjes së Titos, në vitin 1981 u organizuan demonstratat studentore. Kërkesa kryesore e demonstruesve ishte inkorporimi i Kosovës si republikë në Jugosllavi me një garanci përkatëse për të drejtat e njeriut.

Demonstratat u klasifikuan si revolucion nga autoritetet serbe dhe u shtypën brutalisht. Si rezultat, frontet shqiptare dhe serbe u intensifikuan gjithnjë e më shumë. Nga mesi i viteve 1980, pakënaqësia antishqiptare u ndez sistematikisht nga shumë intelektualë serbë dhe nga presidenti i atëhershëm serb i Republikës Socialiste të Serbisë, Slobodan

drastic economic deterioration followed. The dissolution of the Kosovar parliament a year later and the related wave of dismissals from businesses and public institutions resulted in a massive increase in unemployment rates. Serbian curriculum was introduced in schools and universities, Albanian media and cultural life were to be suppressed. The first conflict-related migration wave, which was most noticeable in Kosovar cities where jobs in public sector and institutions were concentrated, can be traced back to this time[11]. The motivation of conflict-related migrants was fundamentally different from that of labour migrants: the decision to flee was made at short notice and forced by the acute threat of political persecution.

The Kosovo Albanian response to these reprisals was a peaceful movement aimed for Kosovo's independence. Albanian leaders symbolically proclaimed Kosovo's independence as a republic and elected Ibrahim Rugova president in 1992, who strived a nonviolent solution to the conflict with Serbia through passive resistance. In Germany, a parallel government in exile was formed under the leadership of Bujar Bukoshi. Kosovo Albanian intellectuals thus resisted the new agenda introduced by Serbia and created parallel structures in the fields of education, health care and taxes. They were financed by donations from the Kosovo Albanian diaspora. These donations usually amounting to 3% of the income and flowed into Kosovo through the government-in-exile.

Parts of the population increasingly perceived Ibrahim Rugova's peaceful resistance as an

Milloheviç. Në vitin 1989, statusi autonom i Kosovës u revokua nga Serbia, duke shënuar fillimin e administrimit të detyruar serb: Pjesëmarrja politike e shqiptarëve të Kosovës u reduktua në minimum dhe pasoi një përkeqësim drastik ekonomik. Shpërndarja e Kuvendit të Kosovës një vit më vonë dhe vala e shkarkimeve nga bizneset dhe institucionet publike rezultuan në një rritje masive të shkallës së papunësisë. Kurrikula serbe u fut në shkolla dhe universitete, media shqiptare dhe jeta kulturore u shtypën. Në këtë kohë vërehet vala e parë migratorepër shkak të konfliktit, e cila ishte më e dukshme në qytetet kosovare ku ishin të përqendruara vendet e punës në sektorin publik dhe institucionet[11]. Shkaqet e migrimit për shkak të konfliktit ishin thelbësisht të ndryshme nga ai i migrimit për qëllime të punësimit: vendimi për largim u mor pa paralajmërim dhe u detyrua nga kërcënimi akut i persekutimit politik.

Përgjigja e shqiptarëve të Kosovës ndaj këtyre masave represive ishte përmes lëvizjeve paqësore që synonin pavarësinë e Kosovës. Udhëheqësit shqiptarë shpallën në mënyrë simbolike pavarësinë e Kosovës si republikë dhe zgjodhën Ibrahim Rugovën president në vitin 1992, i cili bënte përpjekje për zgjidhje paqësore të konfliktit me Serbinë përmes rezistencës pasive. Në Gjermani u formua një qeveri paralele në ekzil nën udhëheqjen e Bujar Bukoshit. Intelektualët shqiptarë të Kosovës kështu i rezistuan agjendës së re të paraqitur nga Serbia dhe krijuan struktura paralele në fushën e arsimit, shëndetësisë dhe taksave. Ato u financuan nga donacionet e diasporës shqiptare të Kosovës. Këto donacione zakonisht shkonin deri në 3% të të ardhurave dhe

unsuccessful strategy. Growing discontent gave rise to an opposition that would become the Kosovo Liberation Army (KLA) in 1996. It became apparent that the conflict would turn violent.

After massacres of the Kosovo Albanian population were confirmed by the OSCE, a contact group, dominated by NATO member states, initiated negotiations between the Yugoslav leadership and the Kosovo Albanian leadership in Rambouillet, France. The result of the negotiations was the draft peace treaty of Rambouillet, which, however, was not signed by the Yugoslav delegation. After the unsuccessful Rambouillet peace negotiations, NATO intervened militarily. On March 24th, 1999, NATO air forces began bombing Serbian air defense targets. After 78 days of air strikes, then-Serbian President Milosevic capitulated and accepted peace terms.

This political development, which steadily escalated within a decade, culminated in war and was accompanied by ethnic cleansing and war crimes against the Kosovo Albanian civilian population. It had an enormous impact on migration patterns; migration numbers rose steadily as repressive measures increased, reaching their maximum in 1998/1999.

Of the 1.35 million Kosovar Albanian refugees, about 850,000 returned to Kosovo in August 1999[12].

derdheshin në Kosovë përmes qeverisë në ekzil.

Një pjesë e popullsisë gjithnjë e më shumë e perceptonte rezistencën paqësore të Ibrahim Rugovës si një strategji të pasuksesshme. Pakënaqësia në rritje shkaktoi kundërshtim që më vonë do të njihej si Ushtria Çlirimtare e Kosovës (UÇK) në vitin 1996. U bë e qartë se konflikti do të bëhej i dhunshëm.

Pas konfirmimit të masakrave ndaj popullatës shqiptare të Kosovës nga OSBE, një grup kontakti, i dominuar nga shtetet anëtare të NATO-s, nisi negociatat ndërmjet lidershipit jugosllav dhe atij shqiptar të Kosovës në Rambuje të Francës. Rezultati i negociatave ishte projekt-traktati i paqes i Rambujesë, i cili, megjithatë, nuk u nënshkrua nga delegacioni jugosllav. Pas negociatave të pasuksesshme të paqes në Rambuje, NATO ndërhyri ushtarakisht. Më 24 mars 1999, forcat ajrore të NATO-s filluan të bombardojnë objektivat e mbrojtjes ajrore serbe. Pas 78 ditësh sulmesh ajrore, presidenti i atëhershëm serb Millosheviç kapitulloi dhe pranoi kushtet e paqes.

Ky zhvillim politik, i cili në mënyrë të vazhdueshme u përshkallëzua brenda një dekade, kulmoi me luftë dhe u shoqërua me spastrim etnik dhe krime lufte kundër popullatës civile shqiptare të Kosovës. Ajo pati një ndikim të madh në modelet e migrimit; Shkalla e migrimit u rrit në mënyrë të vazhdueshme bashkë me masat represive, duke arritur kulmin e tyre në 1998/1999[12].

Nga 1.35 milionë refugjatë shqiptarë të Kosovës, rreth 850,000 u kthyen në Kosovë në gusht të vitit 1999.

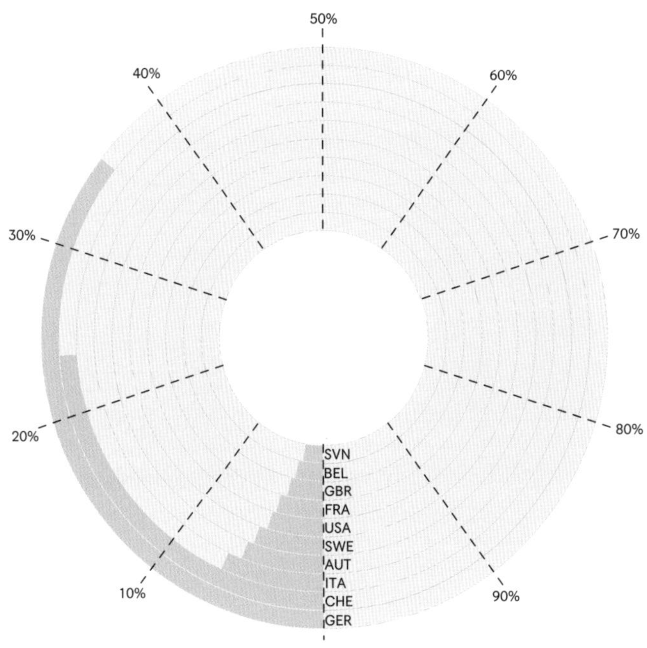

International migration from Kosovo by country expressed in percentages (10 leading countries)

Arsyet kryesore të migrimit në Migrimi ndërkombëtar nga Kosova sipas shteteve, të shprehura në përqindje (10 vende lider)

Networks

Networks play an important role in the migration process. On the one hand, knowledge about an existing network can influence and favour the decision to migrate itself, and it also channels migration paths to certain destination countries. Networks exist on political, social or economic level. They can be formal or informal and refer to the relationships and connections between different individuals or groups.

Social networks refer to connections with relatives, friends or communities that play an important role in the migration process of migrants in different ways. They can facilitate physical arrival in the destination country by providing financial support or guidance in finding a job or housing[13].

Rrjetet

Rrjetet luajnë një rol të rëndësishëm në procesin e migrimit. Nga njëra anë, njohuria për një rrjet ekzistues mund të ndikojë dhe favorizojë vendimin për të migruar, dhe gjithashtu kanalizon shtigjet e migrimit drejt vendeve të caktuara të destinacionit. Rrjetet ekzistojnë në nivel politik, social apo ekonomik. Ato mund të jenë formale ose joformale dhe i referohen marrëdhënieve dhe lidhjeve ndërmjet individëve ose grupeve të ndryshme.

Rrjetet sociale i referohen lidhjeve me të afërmit, miqtë ose komunitetet që luajnë një rol të rëndësishëm në procesin e migrimit të migrantëve në mënyra të ndryshme. Ato mund të lehtësojnë mbërritjen fizike në vendin e destinacionit duke ofruar

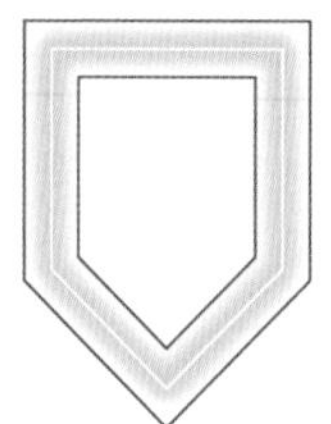
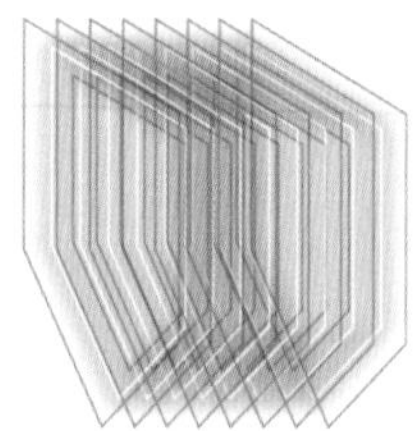

In the case of Kosovar migration, the presence of previously migrated relatives initially forms the most important criterion for choosing the destination country, especially if they have been established in the hostland for some time. Before and during the war, the social network relevant to the migrants extended beyond kinship relations to include other groups of people and communities. A bounded solidarity emerged, identified for instance by the notion of a shared destiny, of belonging to a particular group or ethnicity[14].

The oppression experienced by the Kosovo Albanian population was intensified to a maximum by the prohibition of their own language and culture in the homeland, by the conflict- and war-related migration and the geographical uprooting that accompanied it. As a result, the refugees experienced a sense of powerlessness that was absorbed by the social networks in the hostlands. These networks became broader and denser as migration increased and were based on mutual aid, trust, solidarity, and moral obligation. The forms of support were quite diverse and ranged from financing the escape, obtaining documents, arranging smugglers, accommodation to orientation in the hostland or psychological support in the migration process itself. As a result, migrant workers and refugees saw themselves as a community of destiny[15].

mbështetje financiare ose udhëzime për të gjetur punë apo strehim[13].

Në rastin e migrimit kosovar, prania e të afërmve që kanë migruar më parë përbën fillimisht kriterin më të rëndësishëm për zgjedhjen e vendit të destinacionit, veçanërisht nëse ata kanë jetuar në vendin emigrues për disa kohë. Para dhe gjatë luftës, rrjeti social i lidhur me migrantët u shtri përtej marrëdhënieve farefisnore për të përfshirë grupe të tjera njerëzish dhe komunitetesh. U shfaq një lloj solidariteti i veçantë, i identifikuar për shembull nga nocioni i një fati të përbashkët, i përkatësisë së një grupi ose etnie të caktuar[14].

Represioni i përjetuar nga popullata shqiptare e Kosovës u intensifikua në maksimum nga ndalimi i gjuhës dhe kulturës së tyre në vendlindje, nga migrimi për shkak të konfliktit dhe luftës dhe zhvendosjeve gjeografike që e shoqëruan atë. Si rezultat, refugjatët përjetuan një ndjenjë pafuqie që u përthith nga rrjetet sociale në vendet emigruese. Këto rrjete u bënë më të gjera dhe më të dendura me rritjen e migrimit dhe u bazuan në ndihmën e ndërsjellë, besimin, solidaritetin dhe obligimin moral. Format e mbështetjes ishin të ndryshme dhe varionin nga financimi i ikjes, marrja e dokumenteve, marrëveshja me kontrabandistët, akomodimi e deri te orientimi në vendin emigrues apo mbështetja psikologjike në vetë procesin e migrimit. Si rezultat, punëtorët migrantë dhe refugjatët e shihnin veten si një komunitet i fatit[15].

Infographics / Infografikat

1. Own illustration based on: McAuliffe, M. and A. Triandafyllidou (2021). World Migration Report 2022.
2. Own illustration based on: Kosovo Agency of Statistics. (2014). Kosovan Migration.
3. Own illustration based on: Kosovo Agency of Statistics. (2014). Kosovan Migration.

1. Ilustrim, i bazuar në: McAuliffe, M. dhe A. Triandafyllidou (2021). Raporti Botëror i Migracionit 2022.
2. Ilustrim, i bazuar në: Agjencia e Statistikave të Kosovës. (2014). Migrimi Kosovar.
3. Ilustrim, i bazuar në: Agjencia e Statistikave të Kosovës. (2014). Migrimi Kosovar.

Endnotes

1. Oswald, I. (2007). Migrationssoziologie [Sociology of migration] (1st ed.). UVK Verlagsgesellschaft mbH.
2. McAuliffe, M. and A. Triandafyllidou (eds.). (2021). World Migration Report 2022. International Organization for Migration (IOM)
3. Oltmer, J. (2012). Globale Migration: Geschichte und Gegenwart [Global migration. History and Present] (2nd ed.). Verlag C.H.Beck.
4. Popova, & Rakotonarivo, A. (2021). ILO global estimates on international migrant workers: results and methodology (3rd ed.). ILO.
5. UNESCO's Institute for Statistics (2023). Inbound internationally mobile students by continent of origin. Retrieved March 23,2023, from http://data.uis.unesco.org/index.aspx?queryid=3804
6. UNHCR (2015) The 1951 Convention Relating to the Status of refugees. Retrieved March 1, 2023, from https://www.unhcr.org/3b66c2aa10
7. UNHCR. (2023). Refugee Data Finder. UNHCR The UN Refugee Agency. Retrieved March 30, 2023, from https://www.unhcr.org/refugee-statistics/
8. Gollopeni, B. (2016). Kosovar Emigration: Causes, Losses and Benefits. Sociologija i prostor, 54 (3 (206)), p.296. https://doi.org/10.5673/sip.54.3.5
9. Dahinden, J. (2005). Prishtina - Schlieren: Albanische Migrationsnetzwerke im transnationalen Raum [Prishtina-Schlieren. Albanian Migration networks in the transnational area]. (Sozialer Zusammenhalt und kultureller Pluralismus) [social solidarity and culutural Pluralism]. Seismo.
10. Frisch, M. (1965): foreword – In Seiler A.J. (1965). Siamo italiani, die Italiener. Gespräche mit italienischen Arbeitern in der Schweiz [Siamo italiani, the italiens. Conversations with italien workers in Switzerland]. EVZ-Verlag.
11. Kosovo Agency of Statistics. (2014). Kosovan Migration. In Ask. Retrieved March 1, 2023, from https://ask.rks-gov.net/media/1380/kosovan-migration-2014.pdf

1. Oswald, I. (2007): Migrationssoziologie. 1. Aufl. Konstanz, Stuttgart: UVK; UTB GmbH
2. McAuliffe, M. dhe A. Triandafyllidou (eds.), 2021. Raporti Botëror i Migracionit 2022. Organizata Ndërkombëtare për Migracionin (ONM), Gjenevë.
3. Oltmer, J.: Globale Migration. Geschichte und Gegenwart. Bonn: Bundeszentrale für politische Bildung 2017.)
4. Vlerësimet globale të ONP-s për Punëtorët Migrantë Ndërkombëtarë – Rezultatet dhe Metodologjia – Edicioni i tretë Zyra Ndërkombëtare e Punës – Gjenevë: ONP, 2021
5. Instituti i Statistikave i UNESCO-s. Studentët e lëvizshëm ndërkombëtarë sipas kontinentit të origjinës. Të dhënat e nxjerra më 27 mars 2023 11:38 UTC (GMT) nga UIS.Stat
6. Asambleja e Përgjithshme e OKB-së, Konventa në lidhje me statusin e refugjatëve, 28 korrik 1951, Kombet e Bashkuara, Seria e Traktatit, vëll. 189, f. 137, në dispozicion në: https://www.refworld.org/docid/3be01b964.html [accessed 19 March 2023]
7. UNHCR. (2023). Refugee Data Finder. UNHCR The UN Refugee Agency. Marrë me 30 mars, 2023, nga https://www.unhcr.org/refugee-statistics/
8. Gallopeni, B. (2016). Emigrimi Kosovar: Shkaqet, Humbjet dhe Përfitimet. In: Sociologija I proctor, 54 (2016) 206 (3), Instituti për Kërkime Sociale në Zagreb.. S. 296.
9. Dahinden, J. (2005): Prishtina - Schlieren. Albanische Migrationsnetzwerke im transnationalen Raum. Zürich: Seismo (Sozialer Zusammenhalt und kultureller Pluralismus). S. 31
10. Frisch, M.: Vorwort – In: Seiler A. J. (1965). Siamo italiani. die Italiener. Gespräche mit italienischen Arbeitern in der Schweiz. EVZ-Verlag.
11. Agjencia e Statistikave të Kosovës ASK. (2014). Migrimi Kosovar. S. 22-27
12. Mitchell, S. (2000). Menschenrechte im Kosovo. In: Institut für Friedensforschung und Sicherheitspolitik IFSH, OSZE-Jahrbuch 2000, Baden-Baden. S. 255

12. Mitchell, S. (2000). Menschenrechte im Kosovo [Human rights in Kosovo]. In Institut für Friedensforschung und Sicherheitspolitik an der Universität Hamburg (IFSH) (Hrsg.): OSZE-Jahrbuch 2000. Nomos Verlag
13. Stelzig-Willutzki, S. (2012). Die Erforschung sozialer Beziehungen und Netzwerke im Zusammenhang mit Migrationsbewegungen [The study of social relations and networks in context of migratory movements]. In Stelzig-Willutzki, S., Soziale Beziehungen im Migrationsverlauf [Social relations in the course of migration]. VS Verlag für Sozialwissenschaften.
14. Dahinden, J. (2005). Prishtina - Schlieren: Albanische Migrationsnetzwerke im transnationalen Raum [Prishtina-Schlieren. Albanian Migration networks in the transnational area]. (Sozialer Zusammenhalt und kultureller Pluralismus) [social solidarity and cULutural Pluralism]. Seismo.
15. Ibid.

13. Stelzig-Willutzki, S. (2012). Die Erforschung sozialer Beziehungen und Netzwerke im Zusammenhang mit Migrationsbewegungen. In: Soziale Beziehungen im Migrationsverlauf. VS Verlag für Sozialwissenschaften. S. 80-85.
14. Dahinden, J. (2005): Prishtina - Schlieren. Albanische Migrationsnetzwerke im transnationalen Raum. Zürich: Seismo (Sozialer Zusammenhalt und kultureller Pluralismus). S. 148-155.
15. Ibid.

Transcendent Locality / Lokalitet Transcendent

Transcendent Locality

Individual fragments of memories and stories from the homeland are complemented by new impressions and experiences in the hostland and embed the transcendent locality in it. Memories and new impressions mean that this place is subject to a constant dynamic and never reaches a final state.

Through migration, the center of life is left behind and, with increasing time, is supplemented by a second home in the hostland - this can be seen as a gain. Translocality, however, also strengthens the state of being in between.

The subjective confrontation and reflection with one's own transcendent and immanent location in the context of migration is repeated again and again and becomes a constant companion.

The transcendent locality in the context of migration experience is a very individual place, which is shaped by subjective perceptions, desires and longings for home. In the context of this project, it takes on an important role because it offers as a starting point a change of perspective for the discussion of urban development and corresponding social change in Kosovo after the war.

The individual effects of migration have always been dealt with in art and literature. In the following,

Lokalitet Transcendent

Fragmente të veçanta kujtimesh dhe tregimesh nga vendlindja plotësohen me përshtypje dhe përjetime të reja në vendet emigruese dhe ngulitin lokalitetin transcendent në të. Kujtimet dhe përshtypjet e reja nënkuptojnë se ky vend i nënshtrohet një dinamike të vazhdueshme dhe nuk arrin kurrë një gjendje përfundimtare.

Nëpërmjet migrimit, pjesa qëndrore e jetës lihet pas dhe, me kalimin e kohës, ajo plotësohet nga një shtëpi e dytë në vendin emigrues - kjo mund të shihet si gjë e dobishme. Translokaliteti, megjithatë, forcon njëtrajtshëm gjendjen e të qenit në mes.

Përballja dhe reflektimi subjektiv me vendndodhjen e vet transcendente dhe imanente në kontekstin e migrimit përsëritet dhe bëhet një bashkëudhëtar i vazhdueshëm.

Lokaliteti transcendent në kontekstin e përvojës së migrimit është një vend shumë individual, i cili është formuar nga perceptimet subjektive, dëshirat dhe mërzisë për shtëpinë. Në kuadër të këtij projekti, ai merr një rol të rëndësishëm sepse ofron si pikënisje ndryshimin e perspektivës për diskutimin e zhvillimit urban dhe ndryshimeve përkatëse sociale në Kosovën e pasluftës.

selected works give an insight into this: the processing of a possible upcoming/imminent migration process, as in Valbona Zherkas tapestries. The creation of a piece of home in the hostland, which characterizes Arbër Gashi's memories. The question of belonging and connectedness to a country in which one is not born, as in the case of Elona Beqiraj and Zymryte Hoxhaj.

As a whole, the presented works are to be understood as collages, which express themselves in the confrontation with the transcendent locality and migration in different artistic forms.

Efektet individuale të migrimit janë trajtuar gjithmonë në art dhe letërsi. Në vijim, veprat e përzgjedhura japin një pasqyrë të kësaj: përpunimi i një procesi të mundshëm migrimi të ardhshëm të afërt, si në tapiseritë e Valbona Zherkës. Krijimi i një shtepie në vendlindje, që karakterizon kujtimet e Arbër Gashit. Çështja e përkatësisë dhe e lidhjes me një vend në të cilin nuk ka lindur, si në rastin e Elona Beqirajt dhe Zymryte Hoxhajt.

Në tërësi, veprat e paraqitura duhen kuptuar si kolazhe, të cilat shprehen në përballjen me lokalitetin transcendent dhe migrimin në forma të ndryshme artistike.

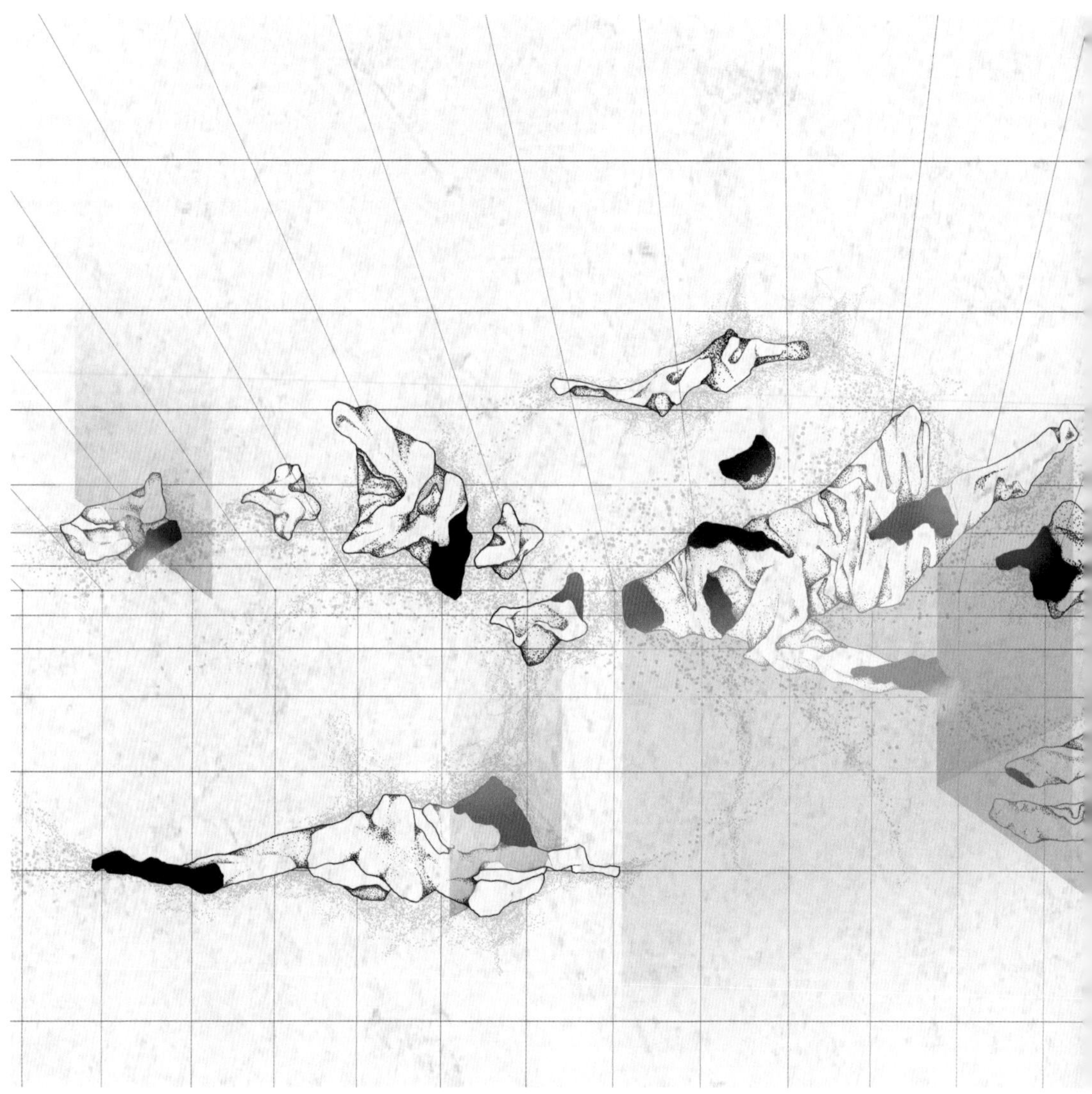

Poliksen Qorri-Dragaj

bodies and topographies

In the transcendent locality, the body detaches itself from its immanent structure and becomes a topography consisting of rugged craters, deep gorges, gentle hills and lakes filled with memories of smells, of places, of feelings, of people.

Në vendin transcendent, trupi shkëputet nga struktura e tij imanente dhe bëhet një topografi e përbërë nga kratere të thyer, gryka të thella, kodra të buta dhe liqene të mbushura me kujtime erërash, vendesh, ndjenjash, njerëzish.

(01)

bodies and topographies, 2023
Digital painting / Pikturë dixhitale

Valbona Zherka

Valbona Zherka graduated from the Faculty of Arts, University of Prishtina in 1977 and continued her graduate studies in the Faculty of Fine Arts in Belgrade where she graduated in 1980. Her work was shown in the 1970s and 1980s—in Sarajevo, Maribor, Belgrade, Zagreb, Prishtina, and at the "Creative Women of Yugoslavia" exhibition, where she was the only woman from Kosovo. She was the only woman from Kosovo to be part of the exhibition "Gratë Kreative të Jugosllavisë" (Creative Women of Yugoslavia) held in Prishtina in 1980 and in Ljubljana in 1981.

Valbona Zherka u diplomua në Fakultetin e Arteve, Universiteti i Prishtinës në vitin 1977 dhe vazhdoi studimet pasuniversitare në Fakultetin e Arteve të Bukura në Beograd ku u diplomua në vitin 1980. Puna e saj u shfaq në vitet 1970 dhe 1980-në Sarajevë, Maribor, Beograd, Zagreb, Prishtinë, dhe në ekspozitën "Gruaja krijuese e Jugosllavisë", ku ishte e vetmja femër nga Kosova. Ajo ishte e vetmja grua nga Kosova që ishte pjesë e ekspozitës "Gratë Kreative të Jugosllavisë" mbajtur në Prishtinë në vitin 1980 dhe në Lubjanë në vitin 1981.

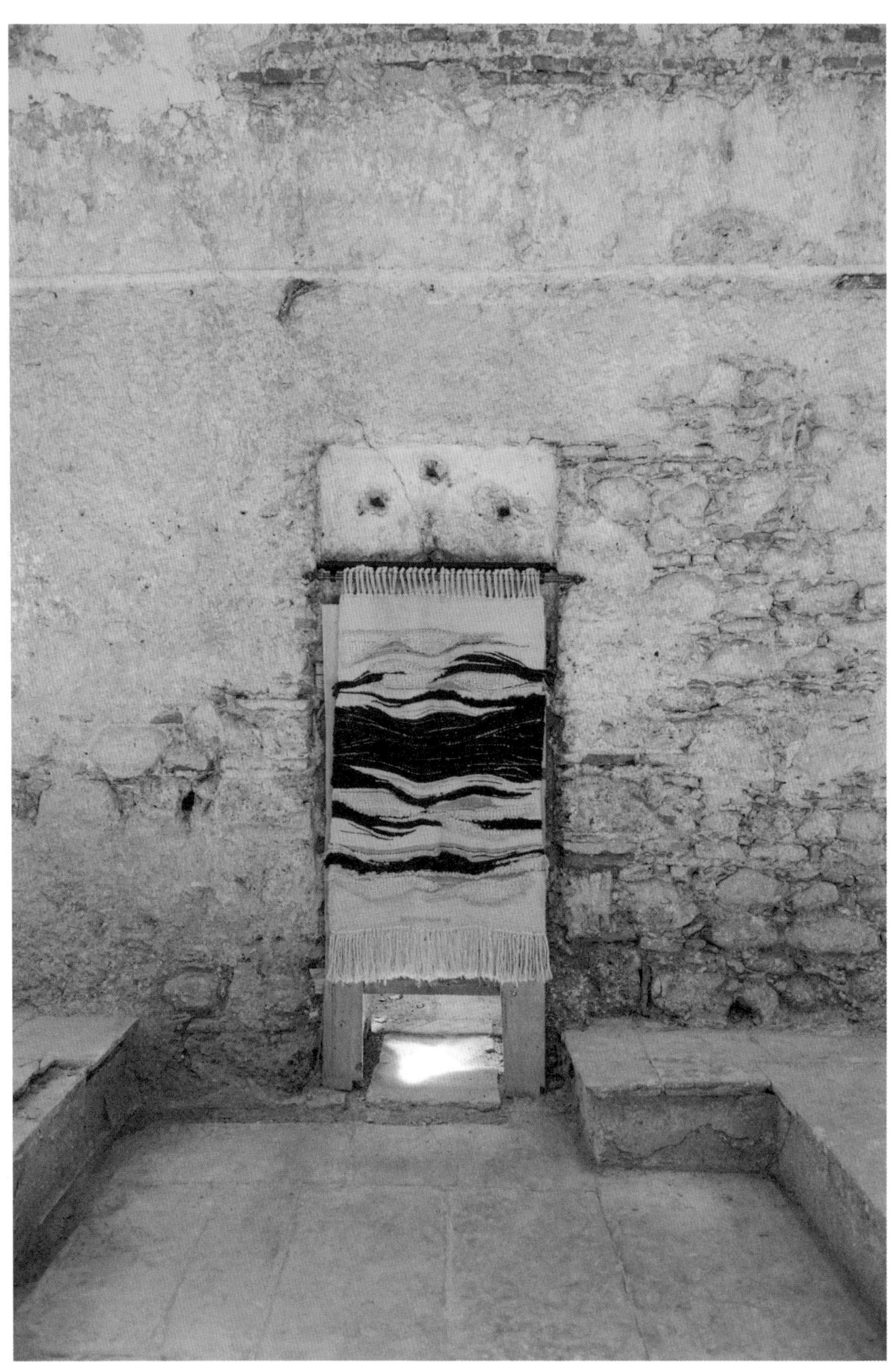

(02)
Shtegtimi / Migration, 1999
Tapestry / Tapiseri

Migration / Shtegtimi

My personal life journey is the main source of my artistic creativity. The tapestry "Shtegtimi" (Migration) 1999-2010, of roads conjoined with a metaphor of a journey which never ends and, where two corners of the road symbolize the separation of a people between those who have remained and those who have left, served as a thematic guide of Autostrada Biennale held in Prizren in 2021.

Rrugëtim personal jetësor është burimi kryesor i krijimtarisë time artistike. Tapiceria "Shtegtimi" 1999 – 2010, i rrugëve të bashkë-dyzuara me një metaforë të një rrugëtimi që nuk përfundon kurrë dhe ku dy skajet e rrugëve simbolizojnë ndarjen e një populli në mes të atyre që mbetën dhe atyre që u larguan, shërbeu si udhërrëfyes tematik i Autostrada Biennale që u mbajt në Prizren në vitin 2021.

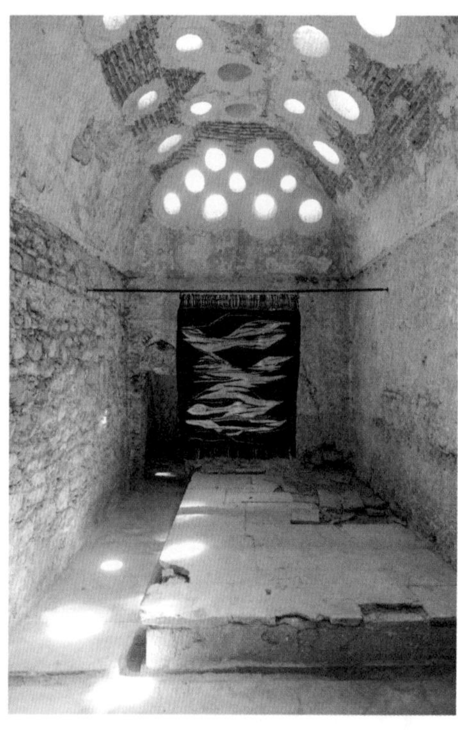

Third edition of Autostrada Biennale in Prizren, 2021
Curated By: Övül Ö. Durmusoglu and Joanna Warsza
Photo Credits: Tughan Anit

Edicioni i tretë i Bienales Autostrada në Prizren, 2021
Kuruar nga: Övül Ö. Durmusoglu dhe Joanna Warsza
Foto Kredite: Tughan Anit

(03 – 04)
Shtegtimi / Migration, 2010
Tapestry / Tapiseri

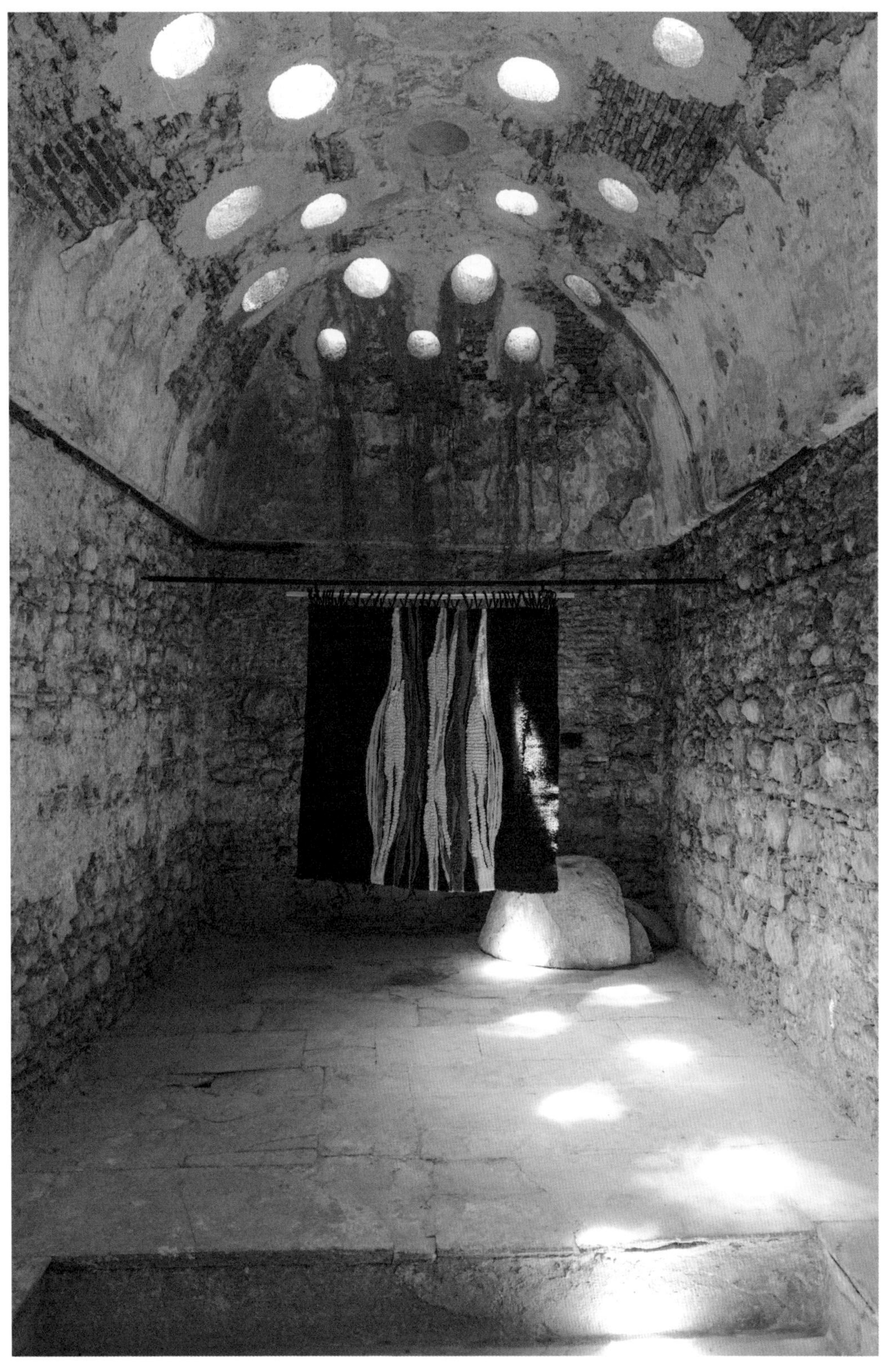

Arbër Gashi

Arbër Gashi is an ethnographer, writer and visual artist born in London. He has a BA in History from Goldsmiths UoL, specialising in the former Yugoslavia and a MA in Gender, Sexuality and Culture from Birkbeck UoL, focusing on identity formation amongst Islamic ethnic minority communities in London. Arber has also spent considerable time researching the impact of Yugoslav colonization practices in Kosovo during the interwar period and integrates these intergenerational narratives within his work. He employs an interdisciplinary approach to record and present Kosovar/Balkan diaspora experiences.

Arbër Gashi është etnograf, shkrimtar dhe artist vizual i lindur në Londër. Ai ka diplomuar në histori nga Goldsmiths UoL, i specializuar në ish-Jugosllavi dhe MA në Gjini, Seksualitet dhe Kulturë nga Birkbeck UoL, duke u fokusuar në formimin e identitetit midis komuniteteve të pakicave etnike islame në Londër. Arbëri ka shpenzuar gjithashtu një kohë të konsiderueshme duke hulumtuar ndikimin e praktikave të kolonizimit jugosllav në Kosovë gjatë periudhës ndërluftore dhe i integron këto narrativa ndër breza në punën e tij. Ai përdor një qasje ndërdisiplinore për të regjistruar dhe paraqitur përvojat e diasporës kosovare/ballkanike.

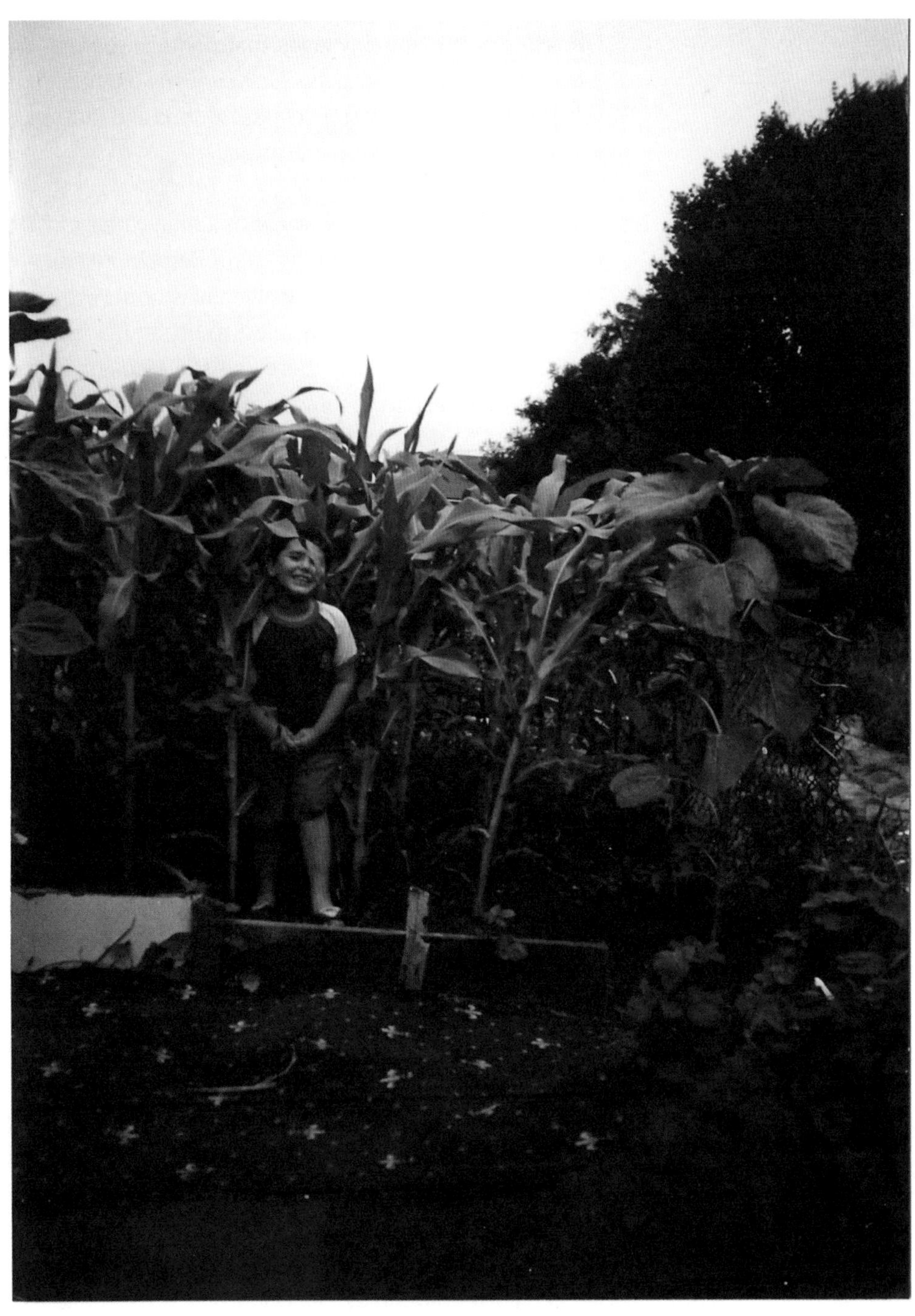

(05)
Unearthing Kosova, 2023
Photography / Fotografi

Young Arber immersed in crops grown by his parents / Arbëri i ri i zhytur në të mbjellat e kultivuara nga prindërit e tij

Unearthing Kosova

These images depict my childhood spent in East London, UK. There are many privileges that come with living in the west – ones I will never deny. However, my parents actively yearned for the natural landscapes, sounds and feelings they were used to, growing up in Kosova.

When my parents left Kosova with a heavy heart in 1993, they did so out of the necessity to survive. Upon their arrival in London, they found themselves in a concrete centre. Although they were slightly used to urban landscapes as they had lived in Prishtina, there was still a lack of access to the greenery and nature they were used to seeing in Kosova.

So, my parents had to adapt and find spaces that reminded them of home. They applied through the local council for an allotment, and my parents turned this space into what I used to call a "mini Kosova". They grew everything there, from a variety of flowers, plants, vegetables, and I even remember one summer, they grew the famously delicious Somborka pepper.

I would also often bring my friends to this space, and they would say that it was like being transported to another world. I also remember there being a consistent smell of smoke, which especially reminded me of Kosova - I don't know if anyone else has that association with Kosove or the Balkans?

My parents, like many refugees had to do what they could in order to survive a foreign landscape. In this instance, flowers, trees, home grown peppers, and a space to drink and brew caj (tea) was what they needed.

This allotment was more than just a green place to grow some plants, it offered my parents and my siblings a new sense of home. A connection to Kosova through the shared earth. It served as a form of escapism from the struggles of being displaced peoples in a country they now had to call home. The fondness of my memories here will stay with me forever.

(06)
Unearthing Kosova, 2023
Photography / Fotografi

A shot of the allotment /
Fotografi e parcelës

I'm sure all Balkan people in the diaspora can relate to how important natural spaces are for our parents but also for our cultures. Natural spaces often serve as important settings for multiple events, whether it be cooking or even a summer wedding party. This is why, still to this day – I will always care for plants, and any outdoor spaces I have around me. I also make sure to implement Kosova within these spaces. As of recent I have a grape tree growing in my front garden, one that has grown from seeds found in Kosova. I look forward to placing its ripened grapes in my mouth every summer, as I am for that split second transported to my ancestral home.

Këto imazhe përshkruajnë fëmijërinë time të kaluar në Londrën Lindore, MB. Ka shumë privilegje që vijnë me të jetuarit në perëndim – të cilat nuk do t'i mohoj kurrë. Megjithatë, prindërit e mi kërkuan në mënyrë aktive peizazhet natyrore, tingujt dhe ndjenjat me të cilat ishin mësuar, duke u rritur në Kosovë.

Kur prindërit e mi u larguan nga Kosova me zemër të rënduar në vitin 1993, ata e bënë këtë nga nevoja për të mbijetuar. Me të mbërritur në Londër, ata u gjendën në një qendër betoni. Ndonëse ishin pak të shfrytëzuara nga peizazhet urbane siç kishin jetuar në Prishtinë, ende mungonte qasja në gjelbërimin dhe natyrën që ishin mësuar ta shihnin në Kosovë.

Pra, prindërit e mi duhej të përshtateshin dhe të gjenin hapësira që u kujtonin shtëpinë. Ata aplikuan përmes këshillit

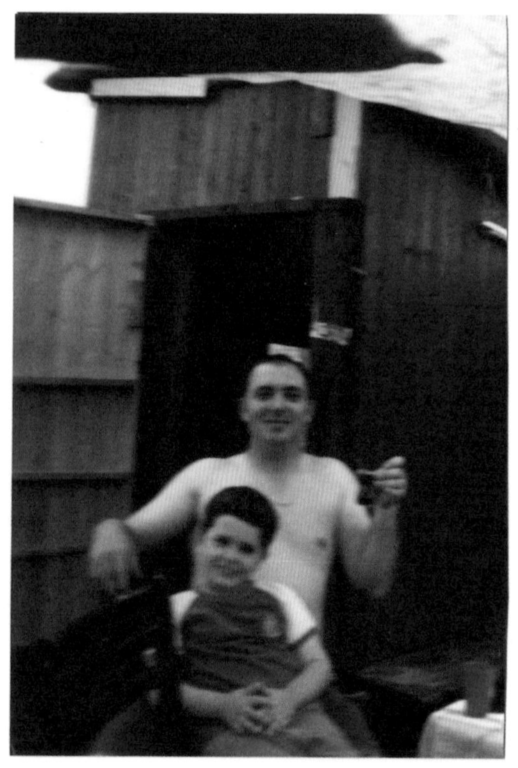

(07)
Unearthing Kosova, 2023
Photography / Fotografi

Arbër sat on his fathers lap while his father, Mehdi (Dini), drinks Çaj (tea) / Arbëri i ulur në prehër të babit Mehdi i cili është duke pirë çaj

lokal për një parcellë kopshti, dhe prindërit e mi e kthyen këtë hapësirë në atë që unë e quaja "mini Kosovë". Ata rritën gjithçka atje, nga një shumëllojshmëri lulesh, bimësh, perimesh, madje mbaj mend një verë, ata rritën specin e famshëm të shijshëm Somborka.

I sillja shpesh miqtë e mi në këtë hapësirë dhe ata thoshin se ishte si të transportohesha në një botë tjetër. Më kujtohet gjithashtu se kishte një erë të vazhdueshme tymi, e cila më kujtoi veçanërisht Kosovën - nuk e di nëse dikush tjetër e ka atë lidhje me Kosovën apo Ballkanin?

Prindërit e mi, si shumë refugjatë, duhej të bënin ç'të mundnin për t'i mbijetuar një peizazhi të huaj. Në këtë rast, lule, pemë, speca të rritur në shtëpi dhe një hapësirë për të zier e për të pirë çaj, ishte ajo që ata kishin nevojë.

Kjo tokë ishte më shumë se vetem një vend i gjelbërt për të rritur disa bimë, ajo u ofroi prindërve dhe vëllezërve të mi një ndjenjë të re të shtëpisë. Një lidhje me Kosovën përmes tokës së përbashkët. Ajo shërbeu si një formë ikjeje nga betejat e të qenit popull i zhvendosur në një vend që tani duhej ta quanin shtëpi.

Bukuria e kujtimeve të mija këtu do të mbetet me mua përgjithmonë.

Jam i sigurt se të gjithë njerëzit e Ballkanit në diasporë mund të kuptojnë se sa të rëndësishme janë hapësirat natyrore për prindërit tanë, por edhe për kulturat tona. Hapësirat natyrore shpesh shërbejnë si ambiente të rëndësishme për ngjarje të shumta, qofshin ato gatim apo edhe një dasmë verore. Kjo është arsyeja pse, edhe sot e kësaj dite - unë gjithmonë do të kujdesem për bimët dhe çdo hapësirë të jashtme që kam rreth meje. Po ashtu do të sigurohem që Kosova të implementohete në këto hapësira. Kohët e fundit kam një pemë rrushi që rritet në kopshtin tim përpara, një pemë që është rritur nga farat që gjenden në Kosovë. Mezi pres të vendos rrushin e pjekur në gojë çdo verë, sepse në atë moment une jam për një gjysëm sekondi në shtepine të parëve të mi.

Elona Beqiraj

Elona Beqiraj is a Berlin-based writer and political referent. As a child of Albanian migrants, she lyrically dealt with the experiences of people between different worlds from an early age. In her volume of poetry "und wir kamen jeden Sommer / and we came every summer" she deals with the long-term consequences of war and migration as well as the question of belonging and not belonging in Germany. In her art projects she deals with the continuity of right-wing violence in Germany and dedicates herself to a dignified culture of remembrance.

Elona Beqiraj është një shkrimtare dhe folëse politike nga Berlini. Si fëmijë e mërgimtarëve shqiptarë, ajo trajtoi në mënyrë lirike përvojat e njerëzve midis botëve të ndryshme që në moshë të vogël. Në vëllimin e saj me poezi "und wir kamen jeden Sommer / dhe vinim çdo verë" ajo trajton pasojat afatgjata të luftës dhe migrimit si dhe çështjen e përkatësisë dhe mospërkatësisë në Gjermani. Në projektet e saj artistike ajo merret me vazhdimësinë e dhunës së krahut të djathtë në Gjermani dhe i përkushtohet një kulture dinjitoze të kujtimit.

The struggle of being an immigrant

something about the struggle of
being an immigrant -
living between two cultures,
pulled by two worlds,
always
pushed away
by both.

not home here
not really home there
foreign here
foreign there

wanting
with all your heart
to please both sides
without understanding that
you can´t.

not always
feeling home in the diaspora.
waiting all year long
to drive back
'home'
only to realize
that some people will
still
call you
a foreigner.

and yet
you still long,
you still crave a roof
to cover
your homesickness.

a hand
that will take yours and
tell you that you have
finally arrived.

"Welcome home, little soul, you are not
Lost anymore.
Welcome home."

(08)
the struggle of being an immigrant, 2023
Poem / Poezi

Elona Beqiraj: and we came every summer. poems. 2nd rev. Issue 5th edition Hanover: Re:sonar Verlag 2023. / Elona Beqiraj: kemi ardhur çdo verë. poezi. rishikimi i 2të. Botimi i 5-të Hanover: Re:sonar Verlag 2023.

i love my name
because it sounds like
my parents‘ motherland

like the ground
surrounded by the mountains
in which my grandfathers fought

like the food
our women´s hand made
everything out of nothing

like the language
which was forbidden
and secretly taught
in the basements
of hidden houses

i love my name
because it sounds like the home
they couldn´t take from us

(09)
name, 2023
Poem / Poezi

Elona Beqiraj: and we came every summer. poems. 2nd rev. Issue 5th edition Hanover: Re:sonar Verlag 2023. / Elona Beqiraj: kemi ardhur çdo verë. poezi. rishikimi i 2të. Botimi i 5-të Hanover: Re:sonar Verlag 2023.

the sun
of my motherland
does not
burn my skin.

it gently lays
on every pore
and cover
my pain

with a tenderness
foreign
to the foreign land.

(10)
sun of my motherland, 2023
Poem / Poezi

Zymryte Hoxhaj

Zymryte Hoxhaj The communication designer Zymryte Hoxhaj was born in Germany in 1981 as a child of a Gastarbeiter. She studied communication design at the University of Fine Arts Saarbrücken, Germany. As a co-founder of the design collective Bureau Stabil and as a generalist, she always finds ways and means to express her creativity and identity between two cultures with a wide variety of media. She has been honoured several times with design awards and nominations and is currently working as a graphic designer at Saarländischer Rundfunk.

Zymryte Hoxhaj Dizajnerja e komunikimit Zymryte Hoxhaj ka lindur në Gjermani në vitin 1981 si fëmijë e një Gastarbeiter. Ajo ka studiuar dizajn komunikimi në Universitetin e Arteve të Bukura Saarbrücken, Gjermani. Si bashkëthemeluese e kolektivit të dizajnit Bureau Stabil dhe si gjeneraliste, ajo gjen gjithmonë mënyra dhe mjete për të shprehur krijimtarinë dhe identitetin e saj midis dy kulturave me një shumëllojshmëri të gjerë mediash. Ajo është nderuar disa herë me çmime dhe nominime për dizajn dhe aktualisht është duke punuar si dizajnere grafike në Saarländischer Rundfunk.

Smajl

Philipp Majer &
Zymryte Hoxhaj

In 1970, Kosovar Albanian Ismajl »Smajl« Hoxhaj only came to Germany to buy a tape recorder. But it is only now — more than 40 years later — that he left Germany to go back to Kosovo as a pensioner. In the meantime, he has bought many tape recorders, started a family and, as a political activist, fought passionately for the independence of Kosovo far from his actual home. The documentary tells the story of Smajl — A story of homesickness and home, of conflicts with his children and the dream of a patriot.

Në vitin 1970, shqiptari kosovar Ismajl »Smajl« Hoxhaj erdhi në Gjermani vetëm për të blerë një magnetofon. Por vetëm tani - më shumë se 40 vjet më vonë - u largua nga Gjermania për t'u kthyer në Kosovë si pensionist. Në ndërkohë, ai ka blerë shumë magnetofona, ka krijuar familje dhe si veprimtar politik ka luftuar me pasion për pavarësinë e Kosovës larg shtëpisë së tij aktuale. Dokumentari tregon historinë e Smajlit - Një histori malli dhe shtëpie, konflikte me fëmijët e tij dhe ëndrra e një patrioti.

(11 – 14)
Smajl, 2015
Documentary / Dokumentar

Marcia-Rebecca Singer

Marcia-Rebecca Singer area of interest is in conceptual thinking between experiential environment & human existence.The basis of all thinking work provides a study of architecture & urban planning. Various projects, from tangible building practice to diffuse idea sketches continue to build on this.Examination of embodiment, workings of creative processes and the related impact on experiencing, holding & shaping space. The breeding ground of all activity forms from the communal satisfaction of basic needs. The quality of work thrives on coming together, listening & holding space. To create a space of free evolvement and efficacy of creative processes that find expression in different forms.

Marcia-Rebecca Singer ka fushë të interesit të menduarit konceptual midis mjedisit eksperimental dhe ekzistencës njerëzore. Baza e të gjithë punës së të menduarit ofron një studim të arkitekturës dhe planifikimit urban. Projekte të ndryshme, nga praktika e prekshme e ndërtimit deri te skicat e përhapura të ideve vazhdojnë të ndërtohen mbi këtë. Ekzaminimi i mishërimit, funksionimi i proceseve krijuese dhe ndikimi përkatës në përjetimin, mbajtjen dhe formësimin e hapësirës. Zona e mbarështimit të të gjithë veprimtarisë formohet nga plotësimi i nevojave bazë komunale. Cilësia e punës lulëzon nga bashkimi, dëgjimi dhe mbajtja e hapësirës. Të krijojë një hapësirë të evoluimit të lirë dhe efikasitetit të proceseve krijuese që gjejnë shprehje në forma të ndryshme.

braiding traditions

Rootedness in being present in a transcendent state of interconnectedness between generations. Practicing and doing emerges as a state of limitless togetherness.

Rrënjosja në të qenit i pranishëm në një gjendje transcendente të ndërlidhjes midis brezave. Të praktikosh dhe të bësh shfaqet si një gjendje e bashkimit të pakufishëm.

(15)
braiding traditions, 2022
Collage / Kolazh
61x 81 cm

mitra

Belonging is an ever changing state of being.
There is no end to this image as it is
- understanding the dynamics between the here & there,
and the horizon where they meet,
is an ongoing process & practice.

Përkatësia është një gjendje e qenies gjithnjë në ndryshim.
Nuk ka fund për këtë imazh siç është -
të kuptuarit e dinamikës midis këtu dhe atje,
dhe horizontin ku takohen,
është një proces dhe praktikë e vazhdueshme.

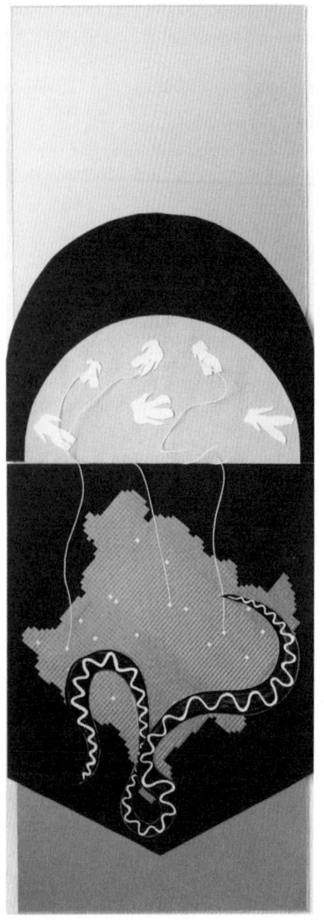
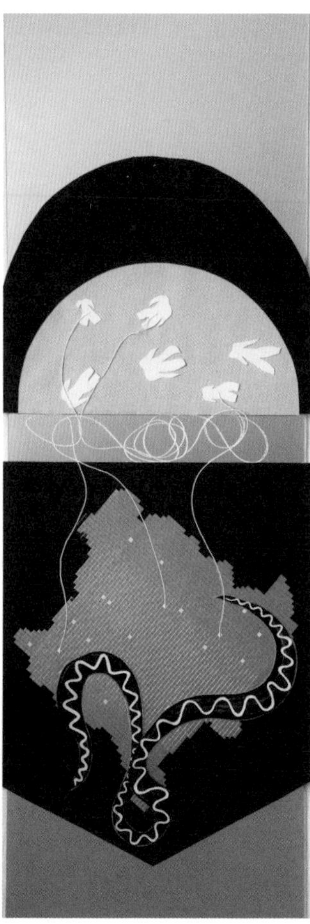
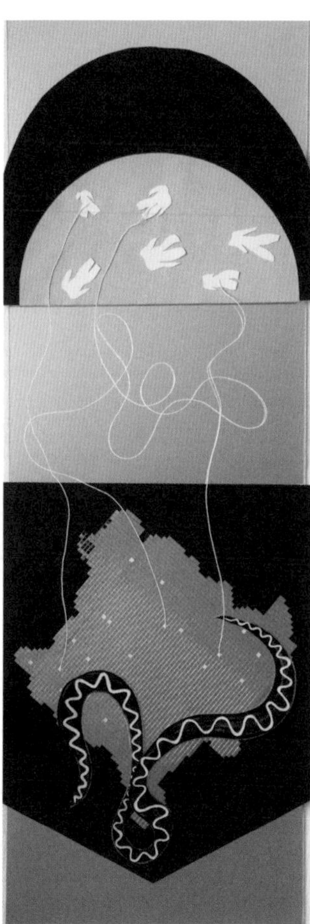

(16)
Mitra, 2023
Collage / Kolazh
42,5 x 120 cm

embodied

Migration is also self-dissolution.
We humans are not rooted in the landscape, we move on it.
We give a different meaning to the word rootedness.
Migration reminds us of that.

Migrimi është gjithashtu vetëshpërbërje.
Ne njerëzit nuk jemi të rrënjosur në peizazh, ne lëvizim në të.
Ne i japim një kuptim tjetër fjalës rrënjë.
Migrimi na kujton këtë.

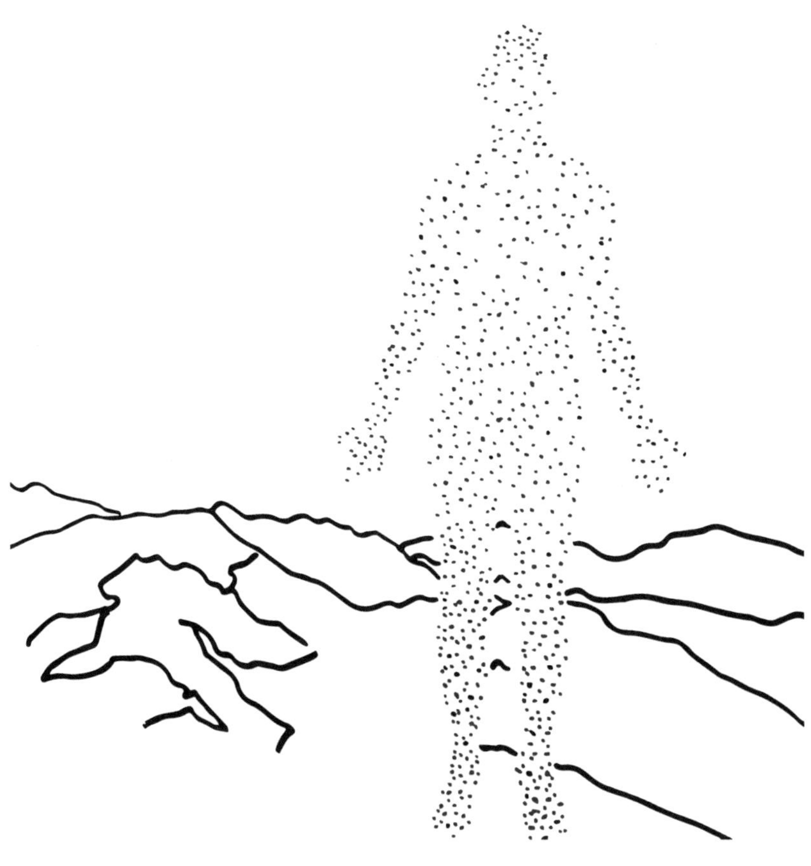

(17)
embodied, 2023
Graphic / Grafikë

Hamdi Qorri

Memorial to the Fallen in the War / Kompleksi memeorial të rënët në luftë, Tërstënik/Drenas

(18 – 20)
Memorial to the fallen in the war / Kompleksi memeorial të rënët në luftë, Tërstënik/Drenas, 2023
Architecture / Arkitekturë

Hamdi Qorri

The tragedies of refugees

Using boats to leave a country with crisis
and war and seek a quiet and peaceful
life in another country

Boats and the sea
Life and the waves of the raging sea
Deaths on the high seas
The waves wash up dead children on the beach

Tragedies at sea
Place of death at sea
Grave at sea... and

Memorial at Sea

For all refugees around the world
For all time

A memory for those who did
not survive the seas

An installation in the open seas
Memory on the open seas

Tragjeditë e refugjatëve

Përdorimi i mjeteve lundruëse për të braktisur një vend me kriza dhe lufta dhe kërkimi për një jetë të qetë dhe në paqë në një shtet tjeter

Barkat dhe deti
Jeta dhe dallgët e detit të tërbuar
Vdekjet në detin e hapur
Valët nxjerrin femijë të vdekur në bregun e detit

Tragjeditë në det
Vendi i vdekjës në det
Varri në det… dhe

Stacioni i Kujtesës në det

Për të gjithë refugjatët anekënd botës
Për të gjitha kohërat

Një kujtim për ata të cilët
nuk mbijetuan detërat

Instalacion në detin e hapur
Kujtimi në detin e hapur

(21 – 22)
The tragedies of refugees /
Tragjeditë e refugjatëve, 2018
Project for installation in
international waters / Projekt për
instalacion në ujëra ndërkombetare

Hamdi Qorri

Silosi

Hydraulic transport of ash from the Kosova A thermal power plant in Mirash

Transporti i hirit në menyrë hidraulike nga termocentrali Kosova A në Mirash

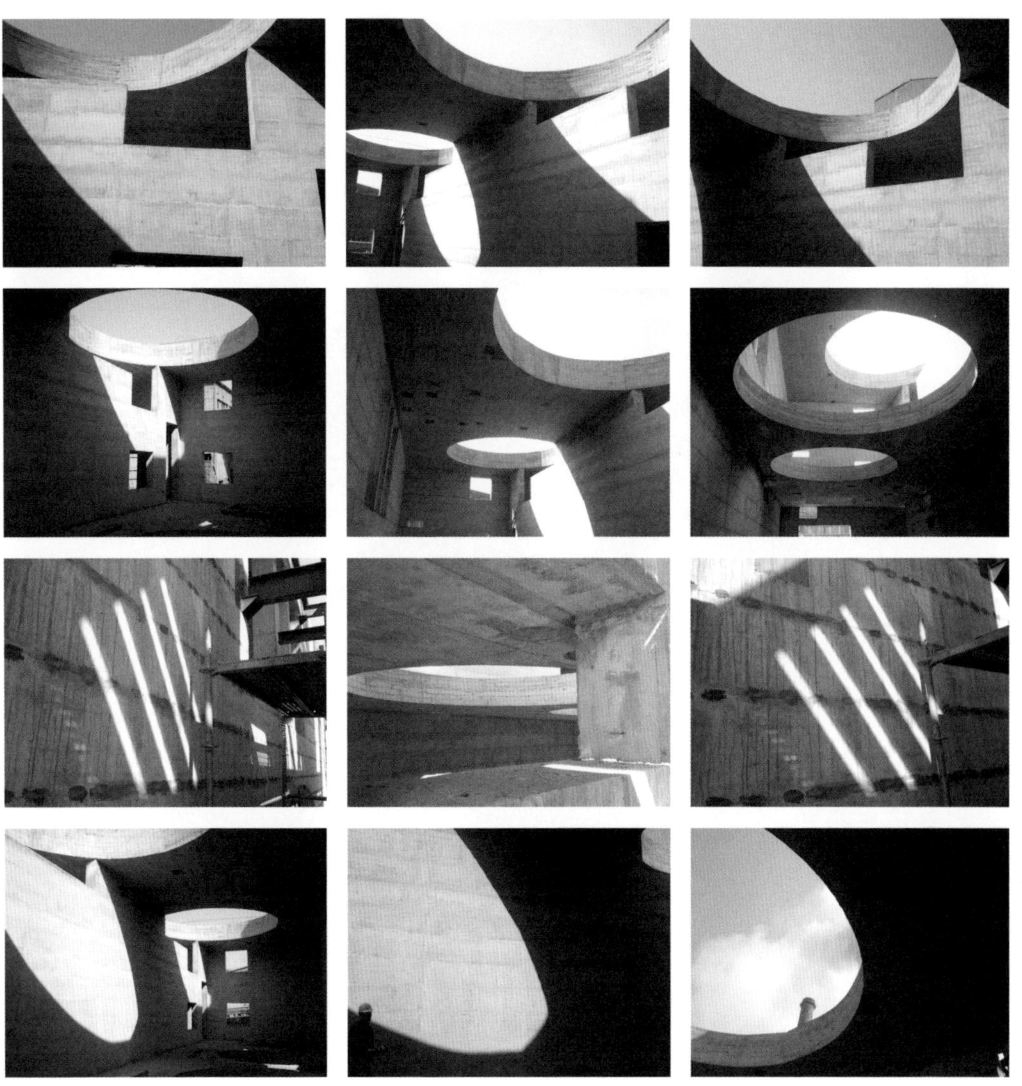

(23)
Silos, 2011
Environmental project /
Projekt ambiental

Poliksen Qorri-Dragaj

Monolith

The state in the transcendent locality is multilayered, diffuse, intangible and constantly changing. In duality there is the opposite pole in the immanent world - a monolith that embraces, holds and earthes one.

Gjendja në vendin transcendent është shumështresore, difuze, e paprekshme dhe vazhdimisht në ndryshim. Në dualitet ekziston poli i kundërt në botën imanente - një monolit që përqafon, mban dhe tokëzon njeriun.

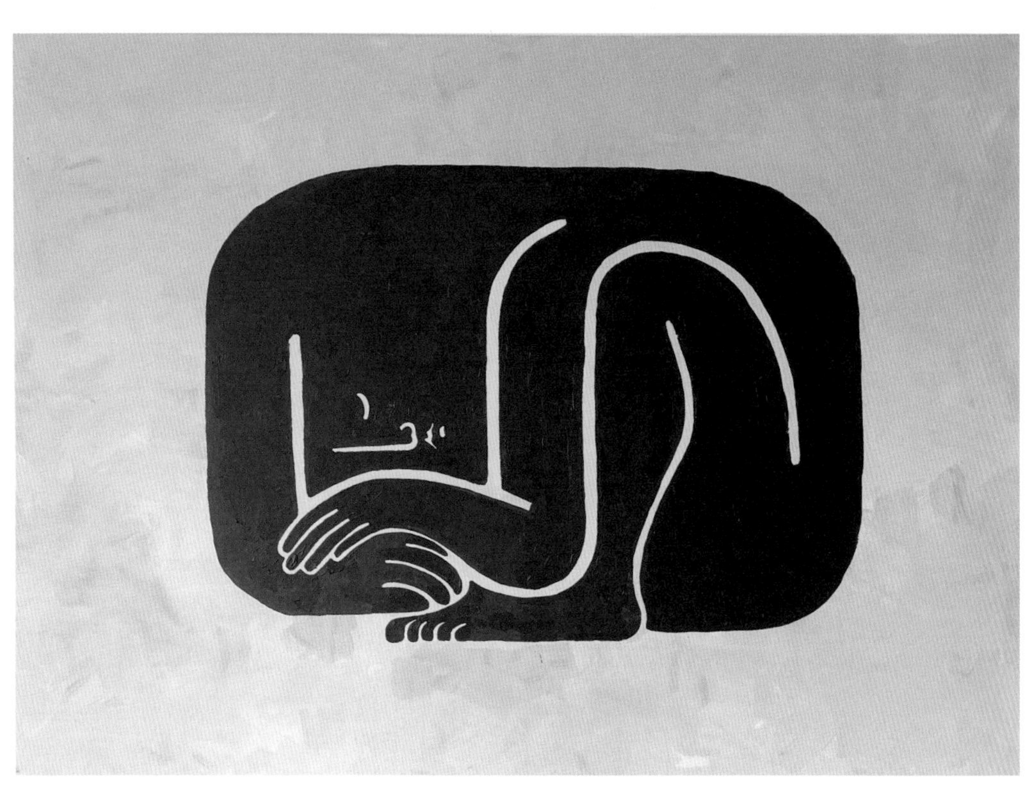

(24)
Monolith, 2020
Acrylic on Canvas / Akril në pëlhurë
120 x 170 cm

NEWBORN
Grand Hotel Prishtina
Hotel
UN

Part / Pjesa 04

Transition / Tranzicioni

Part 04

Transition

1999, after the war, the collective feeling of powerlessness was replaced by hopes and expectations of freedom. Legally, Kosovo was placed under an international administration and the United Nations Interim Administration Mission In Kosovo - UNMIK was established.

An enormous demographic movement in Kosovo followed. Refugees returned to their homeland. With the hope of better life prospects, easier access to jobs and education, many of the returnees moved directly to the less destroyed cities. The same hope connected many people from the countryside, who also moved to the cities. In addition, new residents arrived, the so-called "internationals" consisting of military, security forces, and employees of various institutions and NGOs. Other groups remained physically absent and acted from a distance, like the diaspora.

After the war and liberation, a sense of departure, upheaval and change characterized the population of Kosovo. But there were also considerable tasks ahead, such as reconstruction. The resulting dynamics played out primarily in the cities, which were to undergo enormous transformation after the war.

Tranzicioni

Në vitin 1999, pas luftës, ndjenja kolektive e pafuqisë u zëvendësua me shpresën dhe pritjet për liri. Ligjërisht, Kosova u vendos nën administrim ndërkombëtar dhe u krijua Misioni i Administratës së Përkohshme të Kombeve të Bashkuara në Kosovë - UNMIK.

Pasoi një lëvizje e madhe demografike në Kosovë. Refugjatët u kthyen në vendlindje. Me shpresën për një perspektivë më të mirë, qasje më të lehtë në punë dhe arsim, shumë nga të kthyerit pa u menduar u vendosën në qytetet më pak të shkatërruara. E njëjta shpresë lidhi shumë njerëz nga fshati, të cilët gjithashtu u shpërngulën në qytete. Përveç kësaj, erdhën banorë të rinj, të ashtuquajturit "ndërkombëtarë" të përbërë nga ushtarakë, forca sigurie dhe punonjës të institucioneve dhe OJQ-ve të ndryshme. Grupet e tjera mbetën larg fizikisht dhe vepruan nga distanca, siç ishte diaspora.

Pas luftës dhe çlirimit, një ndjenjë largimi, rrëmuje dhe ndryshimi karakterizoi popullin e Kosovës. Por kishte edhe detyra të rëndësishme përpara, si rindërtimi. Dinamika që rezultoi u zhvillua kryesisht në qytete, të cilat do t'i nënshtroheshin një transformimi të madh pas luftës.

THE BETTER
TRAVEL
LUMNIJE KRASNIQI
TEB
TEB

Cities in conflict

Cities concentrate a wide variety of people with a wide variety of interests; thereby, cities are a place characterized by a multitude of conflicts taking place. These conflicts range from struggles between different usage claims or social groups, rivalry regarding apartments or jobs, strifes concerning influence and power.

The extreme form of conflict resolution is war, with destruction of the building fabric and displacement of the population. This maximum form of conflict is increasingly taking place in cities. The aim of destroying cities and infrastructure is to leave no place for the displaced people to return. But people do return and in the post-war period, the urgent task arises of rebuilding destroyed buildings and erecting new ones very quickly. Urban reconstruction in post-conflict settings needs to be spatially coherent, inclusive of different social groups and vulnerable populations, and attentive to cultural heritage. So, in a way urban reconstruction must avoid the earlier mentioned possible upcoming of tensions of cities in conflict.

Post-War-Reconstruction

Historically, the end of World War II marked an important point in post-war reconstruction. Many European cities were drastically destroyed in air raids and housing had to be provided quickly for millions of returnees after the war. The European Recovery Program (ERP), known as the Marshall Plan, was a U.S. economic development program that made a significant contribution to rebuilding destroyed cities and political,

Qytetet në konflikt

Qytetet identifikohen me një shumëllojshmëri të gjerë njerëzish dhe interesash; në këtë mënyrë, qytetet janë vende të karakterizuara nga një mori konfliktesh që ndodhin. Këto konflikte variojnë nga betejat midis pretendimeve të ndryshme të përdorimit ose grupeve sociale, rivaliteti në lidhje me apartamentet ose punët, mosmarrëveshjet në lidhje me ndikimin dhe pushtetin.

Forma ekstreme e zgjidhjes së konfliktit është lufta, me shkatërrimin e strukturës së ndërtimit dhe zhvendosjen e popullsisë. Kjo formë ekstreme e konfliktit po ndodh gjithnjë e më shumë në qytete. Qëllimi i shkatërrimit të qyteteve dhe infrastrukturës është që të mos lihet vend për kthimin e njerëzve të zhvendosur. Por njerëzit megjithatë kthehen dhe në periudhën e pasluftës lind detyra urgjente për rindërtimin e ndërtesave të shkatërruara dhe ndërtimin e të rejave sa më shpejt që është e mundur. Rindërtimi urban në mjediset e pas-konfliktit duhet të jetë koherent në aspektin hapësinor, të përfshijë grupet e ndryshme shoqërore dhe popullsitë e cenueshme, dhe i vëmendshëm ndaj trashëgimisë kulturore. Pra, në një farë mënyre rindërtimi urban duhet të shmangë krijimin e mundshëm të tensioneve të qyteteve në konflikt të përmendur më herët.

Rindërtimi i pasluftës

Historikisht, fundi i Luftës së Dytë Botërore shënoi një pikë të rëndësishme në rindërtimin e pasluftës. Shumë qytete evropiane u shkatërruan në mënyrë drastike nga sulmet ajrore dhe strehimi duhej të sigurohej shpejt për miliona të kthyer pas përfundimit të

social, and economic structures. Thus, ambitious housing programs were developed in Europe to meet the urgent need for housing caused by migration and the destruction of cities.

In Kosovo, the post-war situation was different: the destruction mainly took place in rural areas and the cities remained relatively intact. UNHCR was responsible for humanitarian assistance to internally displaced persons and refugees. Immediately after the end of the war it prepared a Rapid Village Assessment, which involved documenting and categorizing destroyed houses in rural areas. From this, acute needs for shelter and other relief supplies were identified. Following the needs assessment, houses in the rural areas were upgraded in the short term to tide them over the upcoming winter, and materials were provided to rebuild the houses in the long term[1].

However, what was not considered in the reconstruction efforts was that people may not want to return to their places of origin. Houses that previously had positive

luftës. Programi Evropian i Rimëkëmbjes (ERP), i njohur si Plani Marshall, ishte një program zhvillimi ekonomik i SHBA-së që dha një kontribut të rëndësishëm në rindërtimin e qyteteve të shkatërruara dhe strukturave politike, sociale dhe ekonomike. Kështu, në Evropë u zhvilluan programe ambicioze strehimi për të plotësuar nevojën urgjente për strehim të shkaktuar nga migrimi dhe shkatërrimi i qyteteve.

Në Kosovë, situata e pasluftës ishte ndryshe: shkatërrimi ndodhi kryesisht në zonat rurale dhe qytetet mbetën relativisht të paprekura. UNHCR-ja ishte përgjegjëse për ndihmën humanitare për personat e zhvendosur brenda vendit dhe refugjatët. Menjëherë pas përfundimit të luftës, UNHCR-ja përgatiti një Vlerësim Preliminar të Fshatrave, i cili përfshinte dokumentimin dhe kategorizimin e shtëpive të shkatërruara në zonat rurale. Nga kjo, u identifikuan nevojat akute për strehim dhe ndihma të tjera. Pas vlerësimit të nevojave, shtëpitë në zonat rurale u rinovuan për një periudhë të shkurtër për t'iu dalur në ndihmë për dimrin e ardhshëm dhe u ofruan materiale për rindërtimin e shtëpive për një periudhë të gjatë.[1]

Megjithatë, ajo që nuk u mor parasysh në përpjekjet për rindërtim ishte se njerëzit mund të mos kenë dëshirë të kthehen në vendet e tyre të origjinës. Shtëpitë që më parë kishin asocime pozitive si strehimi, mbrojtja dhe familja, ndoshta kishin ndryshuar kuptimin e tyre për banorët si rezultat i luftës me bazë etnike dhe tani ua kujtonin rrezikun, kërcënimin dhe persekutimin. Megjithatë, në kohën kur njerëzit kishin jetuar si refugjatë në një vend tjetër, mënyra

associations such as refuge, protection, and family, had possibly changed in their meaning for the inhabitants as a result of the ethnic-based war and were now reminders of danger, threat, and persecution. However, in the time that people had lived as refugees in a different place, their life models had also changed. After the war, life in multigenerational houses in rural areas was replaced by life in single-family houses on the outskirts of the city or in apartments within the city. The urban area was preferred not only because of the prospects of a better life; immediately after the war, the city was also seen as a place of community, of euphoria over liberation, and as a place of new beginnings. In rural areas, on the other hand, only a fraction of the reconstructed houses was occupied[2].

There was thus an influx into the cities by returnees, by rural migration, and by internationals. This created an enormous demand for housing and led to difficult developments of Kosovar cities, which still pose great challenges to urban planning today.

Informal building

The Kosovar cities were not prepared for these demographic pressures and were unable to provide adequate answers to the acute demand for housing. Lack of planning and unclear responsibilities between local and international administrations, as well as deep-seated corruption, have led to a widespread inability to act in the provision of work and housing. This planning deficit and the economic situation in Kosovo, which for many people only allowed income from the construction sector and renting out housing or working

e tyre e jetës kishte ndryshuar gjithashtu. Pas luftës, jeta në shtëpitë shumëbrezëshe në zonat rurale u zëvendësua nga jeta në shtëpitë një familjare në periferi të qytetit ose në apartamente brenda qytetit. Zona urbane preferohej jo vetëm për shkak të perspektivës për një jetë më të mirë; menjëherë pas luftës, qyteti u pa edhe si një vend komuniteti, euforie mbi çlirimin dhe si vend i fillimeve të reja. Në zonat rurale, nga ana tjetër, vetëm një pjesë e shtëpive të rindërtuara ishte e banueshme.[2]

Kështu qytetet u dyndën nga të kthyerit, nga migrimi rural dhe nga ndërkombëtarët. Si rezultat i kësaj, pati kërkesë të madhe për njësi banimi e cila e vështirësoi zhvillimin e qyteteve kosovare, të cilat edhe sot paraqesin sfida të mëdha për planifikimin urban.

Ndërtimet informale në qytete

Qytetet kosovare nuk ishin të përgatitura për këto presione demografike dhe nuk ishin në gjendje të jepnin përgjigje adekuate për kërkesën akute për këto njësi banimi. Mungesa e planifikimit dhe përgjegjësitë e paqarta ndërmjet administratave vendore dhe ndërkombëtare, si dhe korrupsioni i thellë, kanë çuar në një paaftësi të theksuar në ofrimin e punës dhe strehimit. Kjo e metë në planifikim dhe gjendja ekonomike në Kosovë, e cila për shumë njerëz siguronte të ardhura vetëm nga sektori i ndërtimit dhe dhënia me qira e banesave apo hapësirave të punës për ndërkombëtarët, krijoi hapësirën për aktivitete ndërtimore informale në rritje të shpejtë dhe në atë kohë të pakthyeshme, të përfshira në kuptimin e termit turbo-urbanizëm[3]

space to internationals, opened the space for rapidly increasing and for the time being irreversible informal construction activities, subsumed under the term turbo-urbanism[3].

The consequences of informal building and construction pose enormous challenges for urban development. Kosovar cities must contend with overloaded infrastructures, deficient public spaces and mono-functional districts with shortages of supplies.

Looking at the urban structure of this informal development, it is possible to identify certain types for which specific statements can be made about the building structure, open space structure and use. These types represent different challenges to which planning, as well as other stakeholder groups, must respond. The following is a categorization of the types exemplary in the city of Prishtina, which, however, can be found in most Kosovar cities.

Pasojat e ndërtimeve dhe ndërtimeve informale paraqesin sfida të mëdha për zhvillimin urban. Qytetet kosovare duhet të përballen me infrastrukturat e mbingarkuara, hapësirat publike të mangëta dhe lagjet monofunksionale me mungesë të furnizimeve.

Duke parë strukturën urbane të këtij zhvillimi informal, është e mundur të identifikohen disa modele për të cilat mund të jepen përshkrime specifike për strukturën e ndërtimit, strukturën e sipërfaqeve të hapura dhe përdorimin. Këto modele përfaqësojnë sfida të ndryshme ndaj të cilave planifikimi, si dhe grupet e tjera të palëve të interesit, duhet t'u përgjigjen. Në vijim jepet një kategorizim i modeleve tipike në qytetin e Prishtinës, të cilat megjithatë mund të gjenden në shumicën e qyteteve kosovare.

Single Family houses on the outskirts / Shtëpitë një familjare në periferi

Potencials / Potenciale:

Preventing urban sprawl through inner development /
Parandalimi i shtrirjës urbane të pakontrolluar përmes zhvillimit të brendshëm

Building structure / Struktura e ndërtimit

Mostly 2- to 4-storey single-family or multi-generation houses located on the outskirts of the city.

Kryesisht shtëpi 2-4 katëshe një familjare ose shumëbrezëshe të ndodhura në periferi të qytetit.

Open space / Sipërfaqet e hapura

The development takes place via dead end roads and smaller ring roads. Parking is provided in the private courtyards, which is in most cases surrounded by walls. The density varies from loosely built up to medium density.

Ndërtimi bëhet nëpërmjet rrugëve qorre dhe unazave rrugore më të vogla. Parkimi ofrohet në oborret private, i cili në shumicën e rasteve është i rrethuar me mure. Dendësia ndryshon nga ndërtimi i lirshëm deri në dendësi mesatare.

Usage / Përdorimi

Mainly residential use with individually scattered shops.

Përdorim kryesisht për banim me dyqane të shpërndara individualisht.

Challenges / Sfidat

The expansion of this type on the outskirts of the city leads to an enormous over-development and a fragmentation of the landscape. There are no clear settlement boundaries. Important areas for internal redensification are hardly present.

Zgjerimi i këtij modeli në periferi të qytetit çon në një mbizhvillim të madh dhe një fragmentim të peizazhit. Nuk ka kufij të qartë të vendbanimeve. Zonat e rëndësishme për ridensifikimin e brendshëm nuk janë pothuajse të pranishme.

Heterogeneous multi-storey buildings / Ndërtesat shumëkatëshe heterogjene

Potencials / Potenciale:

Qualifying public spaces / Kualifikimi I hapësirave publike

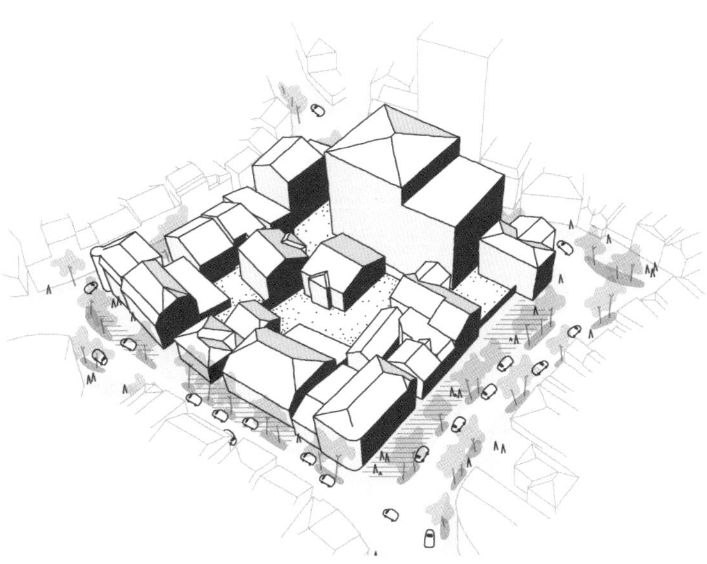

Building structure / Struktura e ndërtimit

Densely adjoined and small parcelled heterogeneous building structure consisting of 2- to predominantly 5-storey multi-family houses. Many buildings are built up to the maximum of the plot. This type of development extends particularly in the north, north-east and east of Prishtina and in some areas approaching to the city centre.

Strukturë ndërtimi heterogjene me renditje të dendur dhe me parcela të vogla që përbëhet nga shtëpi shumë familjare 2 deri në 5 katëshe. Shumë ndërtesa janë ndërtuar deri në skaj të parcelës. Ky lloj ndërtimi shtrihet veçanërisht në veri, veri-lindje dhe lindje të Prishtinës dhe në disa zona afër qendrës së qyteti.

Open space / Sipërfaqet e hapura

There are hardly any public or private green spaces available. Access to the buildings takes place via narrow dead-end streets into the inner of the superstructure. The public road space is heavily sealed and there is a hardly any greenery.

Nuk ka pothuajse asnjë hapësirë të gjelbër publike ose private. Qasja në ndërtesa bëhet përmes rrugëve të ngushta qorre në pjesën e brendshme të superstrukturës. Hapësira e rrugës publike është tërësisht e mbyllur dhe pothuajse nuk ka gjelbërim.

Usage / Përdorimi

In addition to exclusively residential use, there is commercial use, particularly on the ground floors along the main streets. Occasionally there are also exclusively commercial buildings.

Përveç përdorimit të posaçëm për banim, gjen edhe përdorim komercial, veçanërisht në katet përdhese përgjatë rrugëve kryesore. Herë pas here ka edhe ndërtesa posaçërisht komerciale.

Challenges / Sfidat

The distinct parcelling and ownership structures leave little scope for planning. A high degree of sealing and lack of any green spaces present special challenges, especially in relation to bioclimatic heat stress and heavy rain. In the sense of urban planning there is a strong typological break to the centre.

Strukturat e veçanta të parcelimit dhe pronësisë lënë pak hapësirë për planifikim. Shkalla e lartë e izolimit dhe mungesa e hapësirave të gjelbra paraqesin sfida të veçanta, veçanërisht në lidhje me stresin bioklimatik të nxehtësisë dhe shiun e dendur. Në kuptimin e planifikimit urban ka një ndarje të fortë tipologjike në qendër.

Potentials / Potencialet

In certain places, the street cross-sections have sufficient width for redesign: Shaded and greened street spaces not only have a positive effect on the microclimate, but they also increase the quality of stay in the public space.

Në vende të caktuara, seksionet tërthore të rrugëve kanë gjerësi të mjaftueshme për ridizajnim: Hapësirat rrugore me hije dhe gjelbërim jo vetëm që ndikojnë pozitivisht në mikroklimë, por gjithashtu rrisin cilësinë e qëndrimit në hapësirën publike.

Socialist mass housing construction / Ndërtimet e banimit në masë

Potencials / Potenciale:

Transforming Kurrizi /
Transformimi i Kurrizit

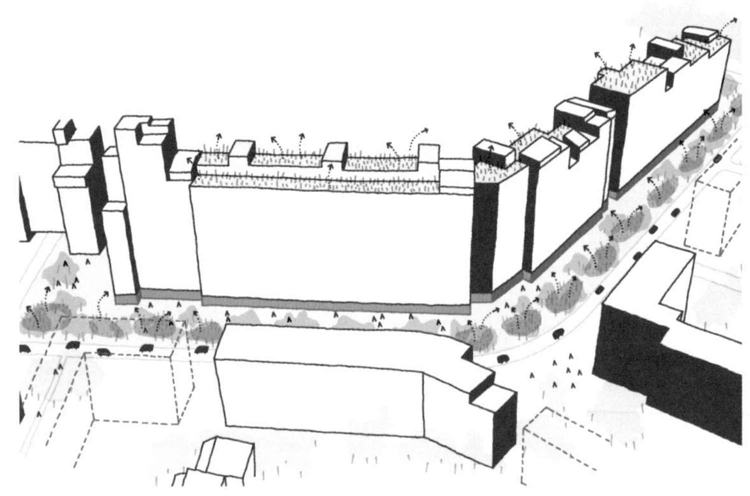

Building structure / Struktura e ndërtimit

Large-scale apartment buildings from the 1970s. Mixture of singular towers and linear buildings with predominantly 10 to 12 stories and 3- to 4-storey additions. As part of Prishtina's modernization during socialism, large housing estates are found predominantly in the center of the city.

Komplekse banesore të mëdha që nga vitet '70. Kombinim kullash individuale dhe ndërtesash lineare me kryesisht 10 deri në 12 kate dhe 3 deri në 4 kate ndërtim shtesë. Si pjesë e modernizimit të Prishtinës gjatë socializmit, zonat e banimit gjenden kryesisht në qendër të qytetit.

Open space / Sipërfaqet e hapura

The open space is characterized by large, but unused lawns in the courtyards and wide roadside vegetation. Equally characterizing are large surface parking lots and collective garages.

Open space / Sipërfaqet e hapura

Sipërfaqet e hapura karakterizohen nga lëndina të mëdha, por të papërdorura në oborre dhe vegjetacion të gjerë buzë rrugës. Njëlloj karakterizuese janë parkingjet me sipërfaqe të mëdha dhe garazhet kolektive.

Usage / Përdorimi

Predominantly residential uses with first floor retail, garages and occasional parking garages.

Përdorime kryesisht për banim dhe lokale afariste në katin e parë, garazhe dhe garazhe të herëpashershme parkimi.

Challenges / Sfidat

The buildings are in urgent need of redevelopment, which is proving difficult due to private ownership. Informal building mainly affects the uppermost floors, on which in some cases multi-storey individual houses have been added. This type of development poses a risk, especially regarding the static structures of the buildings.

Ndërtesat kanë nevojë urgjente për rinovim, gjë që po del të jetë e vështirë për shkak të pronësisë private. Ndërtimi informal prek kryesisht katet më të larta, në të cilat në disa raste janë mbindërtuar edhe shtëpi individuale shumëkatëshe. Ky lloj ndërtimi paraqet rrezik, veçanërisht për sa i përket strukturave statik ndërtesave.

Potentials / Potencialet

The underutilized green areas and public spaces of inner-city large-scale apartments have great potential for development. There is an opportunity to qualify both the green areas and the public spaces climate-friendly and thus to increase the quality of stay at the same time.

Zonat e gjelbra të pashfrytëzuara dhe hapësirat publike të komplekseve banesore të mëdha në brendësi të qytetit kanë potencial të madh për zhvillim. Ekziston mundësia që hapësirat e gjelbra dhe hapësirat publike të jenë miqësore me klimën dhe në këtë mënyrë të rrisin cilësinë e qëndrimit në të njëjtën kohë.

posta
NE SJELLIM MË SHUMË SE FJALË
TK
Credit Bank
LEDI DENT
SALLON ONDULIMI
FATMIRJA
TRONIT

LIBRARIA-BOOKSHOP
TriPlus
BASTORE
SPORTIVE

Massive solitaires / Ndërtesat masive

Potencials / Potenciale:

Sustainable development of quarters / Zhvillim I qëndrueshëm I lagjeve

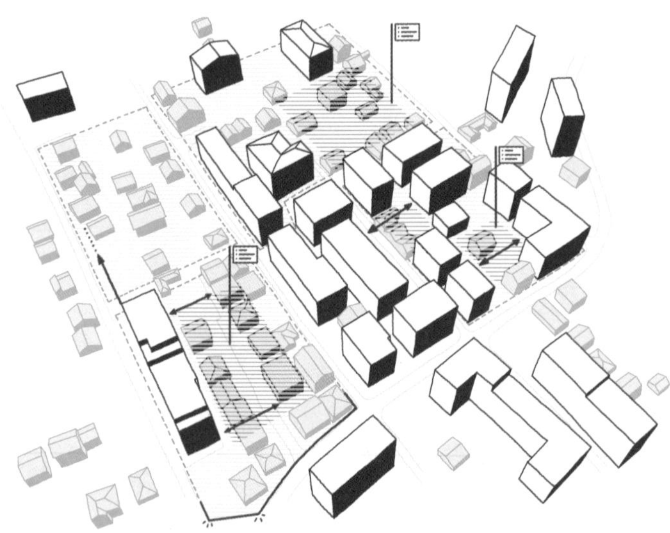

Building structure / Struktura e ndërtimit

Among the structures of single-family houses on the outskirts and heterogeneous multi-storey buildings in the urban structure a next phase of transformations emerging. Multi-storey solitaires replace the up to 5-storey multi-family houses and differ significantly in height compared to their surroundings.

Në mesin e strukturave të shtëpive njëfamiljare në periferi dhe ndërtesave heterogjene shumëkatëshe në strukturën urbane shfaqet një fazë tjetër e transformimeve. Ndërtesat shumëkatëshe zëvendësojnë shtëpitë shumëfamiljare deri në 5 kate dhe ndryshojnë ndjeshëm në lartësi në krahasim me mjedisin përreth.

Open space / Sipërfaqet e hapura

The residential high-rise buildings extend far to the plot boundary, so that there is hardly any qualitative open space available.

Open space / Sipërfaqet e hapura

Ndërtesat e larta të banimit shtrihen larg kufirit të parcelës, kështu që nuk ka pothuajse fare sipërfaqe të hapura cilësore.

Usage / Përdorimi

Predominantly residential use with retail on the ground floor.

Përdorim kryesisht për banim dhe lokale afariste në katin e parë.

Challenges / Sfidat

The density and height of the multi-storey towers differ enormously from the surrounding building structure. Short distances between buildings are problematic during rescue operations and fire protection. They also have a negative impact on lighting and living quality.

Dendësia dhe lartësia e ndërtesave shumëkatëshe ndryshojnë shumë nga struktura e ndërtimit përreth. Distancat e shkurtra ndërmjet ndërtesave janë problematike gjatë operacioneve të shpëtimit dhe mbrojtjes nga zjarri. Ato gjithashtu kanë ndikim negativ në ndriçimin dhe cilësinë e jetesës.

Potentials / Potencialet

In order to correct the deficits of informal development through this second transformation loop, the focus must be on qualifying the public spaces and creating functioning ground floor zones. In addition, urban planning compatibility in terms of height, density and mix of usage must be ensured.

Për të korrigjuar deficitet e ndërtimit informal nëpërmjet këtij cikli të dytë transformues, fokusi duhet të jetë në krijimin e hapësirave publike dhe zonave funksionale përdhese. Përveç kësaj, duhet të sigurohet përputhshmëria e planifikimit urban për sa i përket lartësisë, dendësisë dhe kombinacioneve të përdorimit.

COIN PRIME

Përveç sfidave të planifikimit urban, ekziston edhe një mundësi e madhe për mosmarrëveshje midis banorëve që duan një qytet të jetueshëm dhe interesave të grupeve të ndryshme që përfshihen në aktivitetet e ndërtimit. Lagjet më pak të dendura po bëhen gjithnjë e më të mbipopulluara dhe ndërtesat e larta të banimit të sapondërtuara shpesh nuk kanë cilësi urbane: problemi me këto lloje më të larta dhe më të dendura është se infrastrukturat urbane janë shumë të mbingarkuara. Për peizazhin e qytetit, kjo nënkupton një konfrontim të strukturave urbane me dallime të theksuara dhe me interesa e kërkesa të ndryshme përdoruesish ku konfliktet janë të pashmangshme.

In addition to the challenges of urban planning, there is also a great potential for conflicts between residents who want livable city and the interests of different groups that are involved in construction activities. Less dense neighborhoods are becoming more and more crowded and the newly built high-rise apartment buildings often do not have an urban quality: the problem with these taller and denser types is that urban infrastructures are severely overloaded. For the cityscape, this means that very different urban structures with different user interests and requirements meet, and conflicts are inevitable.

IBRO
NASO
IBRO
Robia
STRUJA

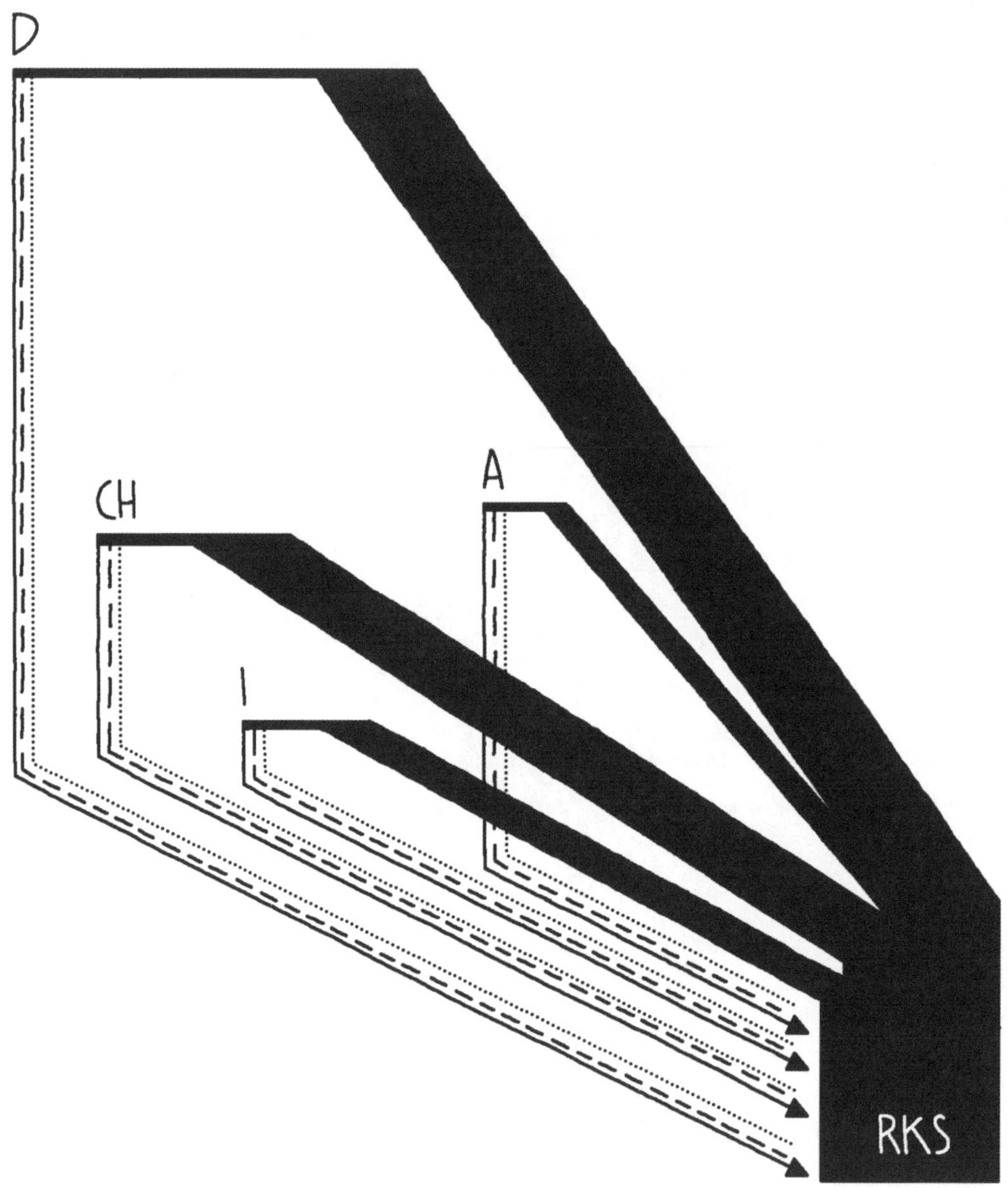
D
CH
A
I
RKS

Translocality

Since the 1990s, there has been a consensus among researchers that migration is not a linear development in which movements from the homeland to the hostland can be regarded as completed actions - rather, migration is a cyclical process. Social relations of migrants to their homeland, which are maintained in different ways even over large geographical distances - be it through travel, communication or even financial support, depict the center of this process, which is referred to as transnationalism. Financial, political, and even social matters are regulated in a circular way and in transnational space. Accordingly, migrants see themselves as part of a transnational community.[4]

The spatial impact of social networks in the hostland and homeland is called translocality. It describes the ability of people to be present in several places at the same time. Urban space is constantly reconfigured by the circular character of migration and the translocality associated with it and is thus characterized by constant dynamics and transformation.[5]

Translocal interconnections

In Kosovo, in the context of translocality, the diaspora consisting of migrant workers, their families, refugees who have not returned, and subsequent generations has played and still does play a formative role in Kosovar society. It is estimated that about 700,000 people born in Kosovo live abroad.[6]

Diaspora originally refers to a group of people who have had to leave their homeland

Translokaliteti

Që nga vitet '90, ka ekzistuar një konsensus midis studiuesve se migrimi nuk është zhvillim linear në të cilin lëvizjet nga vendlindja në vendin emigrues mund të konsiderohen si veprime të përfunduara - përkundrazi, migrimi është një proces ciklik. Marrëdhëniet sociale të migrantëve në vendlindjen e tyre, të cilat mbahen në mënyra të ndryshme edhe në distanca të mëdha gjeografike – qoftë nëpërmjet udhëtimeve, komunikimit apo edhe mbështetjes financiare, përshkruajnë qendrën e këtij procesi, i cili quhet transnacionalizëm. Çështjet financiare, politike, madje edhe sociale janë të rregulluara në mënyrë ciklike dhe në hapësirë transnacionale. Prandaj, migrantët e shohin veten si pjesë të një komuniteti transnacional.[4]

Ndikimi hapësinor i rrjeteve sociale në vendin emigrues dhe vendlindje quhet translokalitet. Ai përshkruan aftësinë e njerëzve për të qenë të pranishëm në disa vende në të njëjtën kohë. Hapësira urbane rikonfigurohet vazhdimisht nga karakteri ciklik i migrimit dhe translokalitetit që lidhet me të dhe kështu karakterizohet nga dinamika dhe transformimet e vazhdueshme.[5]

Ndërlidhjet translokale

Në Kosovë, në kontekstin e translokalitetit, diaspora e përbërë nga punëtorët migrantë, familjet e tyre, refugjatët që nuk janë kthyer dhe gjeneratat pasuese ka luajtur dhe luan një rol formues në shoqërinë kosovare. Vlerësohet se rreth 700 mijë persona të lindur në Kosovë jetojnë jashtë vendit.[6]

Diaspora fillimisht i referohet një grupi njerëzish që u është dashur të largohen

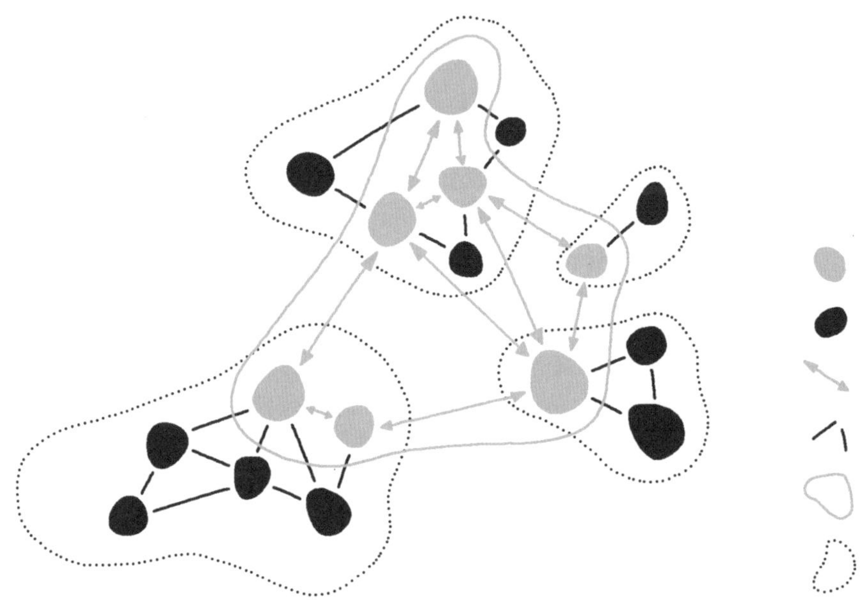

involuntarily and live scattered across several regions or countries. Today, the term is interpreted somewhat more softly and means groups of migrants who have emigrated for different motives and come from the same country of origin. These groups continue to feel connected to the country of origin even after generations. However, they are also able to arrange their lives outside their country of origin and create a kind of homeland for themselves in a foreign land.[7] The Kosovo Albanian diaspora also continued to feel connected to the community of a destiny that had emerged from social networks during the war. Immediately after the war, the diaspora community contributed significantly to the reconstruction and support of family members in Kosovo. Moreover, simultaneously with the center of life in the hostland, the diaspora also created a temporary place of return in post-war Kosovo. This life in several places, translocality, is increasingly manifesting itself in the

nga vendlindja e tyre në mënyrë të pavullnetshme dhe të jetojnë të shpërndarë nëpër disa rajone ose vende. Sot, termi interpretohet disi më butë dhe nënkupton grupe migrantësh që kanë emigruar për motive të ndryshme dhe vijnë nga i njëjti vend i origjinës. Këto grupe vazhdojnë të ndihen të lidhur me vendin e origjinës edhe pas shumë gjeneratave. Megjithatë, ata janë gjithashtu në gjendje të rregullojnë jetën e tyre jashtë vendit të tyre të origjinës dhe të krijojnë një lloj atdheu për veten e tyre në tokë të huaj.[7] Edhe diaspora shqiptare e Kosovës vazhdoi të ndihej e lidhur me komunitetin që gëzoi të njëjtin fat, që kishte dalë nga rrjetet sociale gjatë luftës. Menjëherë pas luftës, komuniteti i diasporës kontribuoi ndjeshëm në rindërtimin dhe mbështetjen e anëtarëve të familjes në Kosovë. Për më tepër, njëkohësisht me qendrën e jetës në vendin e huaj, diaspora krijoi një vend të përkohshëm kthimi në Kosovën e pasluftës. Kjo jetë në disa vende, translokaliteti, po

urban landscape of Kosovar cities and will be examined in more detail below under the aspect of translocal urbanism. Regarding the ongoing migration from Kosovo to Europe, which is attributed to the "brain drain", the emigration of highly qualified workers, the effects of a tendency toward increasing translocality in urban space in Kosovo's cities are now the subject of controversial discussion.

shfaqet gjithnjë e më shumë në peizazhin urban të qyteteve kosovare dhe do të shtjellohet më hollësisht më poshtë në aspektin e urbanizmit translokal. Sa i përket migrimit të vazhdueshëm nga Kosova në Evropë, që njihet si "ikje e trurit", emigrimit të punëtorëve me kualifikim të lartë, efektet e një tendence drejt rritjes së translokalitetit në hapësirën urbane në qytetet e Kosovës tani është subjekt i një diskutimi kontrovers.

Remittances

On the one hand, the diaspora communities and the diverse social connections between homeland and hostland ensure an enormous exchange of knowledge, information and social capital across borders. This transfer is also referred to as social remittance and can contribute to long-term social change, both in the home- and hostland.

Remitancat

Nga njëra anë, komunitetet e diasporës dhe lidhjet e ndryshme shoqërore ndërmjet vendlindjes dhe vendit emigrues bëjnë të mundur një shkëmbim të madh të njohurive, informacionit dhe kapitalit social përtej kufijve. Ky transfer referohet gjithashtu si remitanca sociale dhe mund të kontribuojë në ndryshimet sociale afatgjata, si në vendlindje ashtu edhe në vendin emigrues.

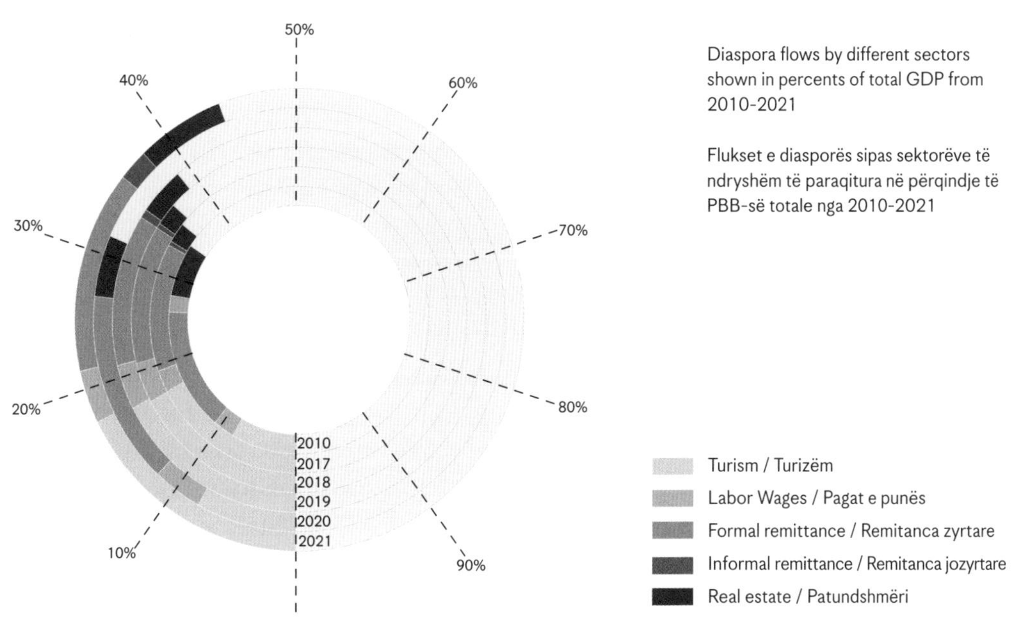

Diaspora flows by different sectors shown in percents of total GDP from 2010-2021

Flukset e diasporës sipas sektorëve të ndryshëm të paraqitura në përqindje të PBB-së totale nga 2010-2021

On the other hand, there is also a material exchange in the form of money and goods across borders. This exchange has an enormous influence on translocal life. Remittances from migrants to friends, families or communities in the homeland play an important role. These transfers are purely private aid. They may be formal or often informal, depending on the political and social relations between the broadcaster and the recipient country. For 2022, the statistics show a value of 702 billion US dollars for cross-border cash flows related to migration.[8] The informal share is estimated to be many times higher. Remittances are an important tool for collecting data in migration research. They allow many conclusions to be drawn about existing migration relations and spatial connections.

For many developing countries or recipients, remittances are the most immediate and vital financial support to cope with everyday life. In many countries, they exceed official development assistance and represent a significant share of GDP. Remittances open up completely new opportunities in some countries. They provide access to education and health care and improve individual living standards.

In Kosovo, remittance related to migration has played a large role in economic development since the 1960s and accounts for an enormous share of the GDP: in 2021, remittances, tourism, labour wages and real estate investment made up a 43 % share of the GDP.[9]

Nga ana tjetër, ka edhe shkëmbim material në formë parash dhe mallrash përtej kufijve. Ky shkëmbim ka një ndikim të madh në jetën ndërlokale. Remitancat e dërguara nga migrantët tek miqtë, familjet apo komunitetet në vendlindje luajnë një rol të rëndësishëm. Këto transferta janë thjesht ndihmë private. Ato mund të jenë formale ose shpesh informale, në varësi të marrëdhënieve politike dhe sociale ndërmjet vendit dërgues dhe përfitues. Për vitin 2022, statistikat tregojnë një vlerë prej 702 miliardë dollarësh amerikanë[8] për fluksset monetare ndërkufitare të lidhura me migrimin. Përqindja informale vlerësohet të jetë shumë herë më e lartë. Remitancat janë një mjet i rëndësishëm për mbledhjen e të dhënave në hulumtimit e arsyeve të migrimit. Ato bëjnë të mundur nxjerrjen e shumë përfundimeve për marrëdhëniet ekzistuese të migrimit dhe lidhjeve hapësinore.

Për shumë vende në zhvillim ose vende përfituese, remitancat janë mbështetja financiare më e drejtpërdrejtë dhe jetike për të përballuar jetën e përditshme. Në shumë vende, ato tejkalojnë ndihmën zyrtare për zhvillim dhe përfaqësojnë një pjesë të konsiderueshme të PBB-së. Remitancat krijojnë mundësi krejtësisht të reja në disa vende. Ato ofrojnë qasje në arsim dhe kujdes shëndetësor dhe përmirësojnë standardet e jetesës individuale.

Në Kosovë, remitancat e lidhura me migracionin kanë luajtur një rol të madh në zhvillimin ekonomik që nga vitet '60 dhe përbëjnë një pjesë të madhe të PBB-së: në vitin 2021, remitancat, turizmi, pagat e punës dhe investimet në pasuri të paluajtshme përbënin 43% të PBB-së.[9]

Translocal urbanism

The remittances of the Kosovo Albanian diaspora have had and continue to have a decisive influence on the Kosovar society. During the tense political situation of the 1990s, before the war, the diaspora felt a collective responsibility for the homeland and supported the parallel structures of education and health sectors through remittance.

Furthermore, the dependence of the income for retail, gastronomy and other small businesses that is generated during diaspora vacation seasons, which function in cycles, is not to be underestimated: supply aligns with demand. Depending on the composition of the social mix of local population and the diaspora in neighbourhoods, the cyclically oriented supply can lead to undersupply in the low season. At the other extreme, neighborhoods predominantly inhabited by the diaspora are inefficiently equipped with infrastructure, which is not used for most of the year but still causing costs through maintenance that are borne through taxes by the population living in Kosovo.[10]

In addition to the presence and absence of the diaspora, the desire of the population living in Kosovo to emigrate also has a spatial impact.

The trend of a new demographic shift has been emerging in recent years: a high unemployment rate, particularly among young people, deep corruption, an unclear status of Kosovo under international law and the limited freedom to travel encourage the willingness to emigrate abroad and mark a new

Urbanizmi translokal

Remitancat e diasporës shqiptare të Kosovës kanë pasur dhe vazhdojnë të kenë ndikim vendimtar në shoqërinë kosovare. Gjatë situatës së tensionuar politike të viteve '90, para luftës, diaspora ndjente përgjegjësi kolektive për vendlindjen dhe mbështeste strukturat paralele të sektorit të arsimit dhe shëndetësisë përmes remitancave. Menjëherë pas luftës, mbështetja financiare vazhdoi në formën e ndihmës private për rindërtim për anëtarët e familjes. Investimet që atëherë janë zhvendosur nga mbështetja e familjes në sektorin e patundshmërive. Investimet direkte në patundshmëri po rriten në mënyrë dramatike dhe kontribuojnë ndjeshëm në zhvillimin spekulativ urban. Si rezultat, çmimet e patundshmërive vazhdojnë të rriten në zonat urbane, veçanërisht në Prishtinë, duke e bërë banimin e përballueshëm pothuajse të paarritshëm për popullatën që jeton në Kosovë.[10]

Krahas pranisë dhe mospranisë së diasporës, ndikim hapësinor ka edhe dëshira e popullatës që jeton në Kosovë për të emigruar.

Trendi i një ndryshimi të ri demografik është shfaqur në vitet e fundit: shkalla e lartë e papunësisë, veçanërisht në mesin e të rinjve, korrupsioni i thellë, statusi i paqartë i Kosovës sipas ligjit ndërkombëtar dhe liria e kufizuar për të udhëtuar nxisin gatishmërinë për të emigruar jashtë vendit dhe shënojnë një fazë të re të migrimit të fuqisë punëtore në tregun evropian të punës. Ky fenomen është i dukshëm edhe në peizazhin e qytetit: institutet gjuhësore, qendrat e këshillimit për viza dhe kompanitë e udhëtimit ofrojnë infrastrukturë për

phase of labour migration to the European labour market. This phenomenon is also visible in the cityscape: Language institutes, visa advice centres and travel companies provide an infrastructure for preparing people in the migration process. Cities that tend to grow due to rural-urban migration are less affected by this demographic change. In contrast, small towns and cities, which are particularly affected by internal and international migration, especially of young people, are shrinking and ageing.

To exaggerate, Kosovar cities are in a constant state of congestion and underutilization - this situation brings up the difficult question of how urban planning can respond to cyclically inhabited cities in a long-term and sustainable manner, and how the diaspora can be involved as a stakeholder in planning processes. A solution to this problem will become even more urgent in the future if one observes the migration from Kosovo to the European labour market in recent years – assuming that the diaspora continues to grow, and the homeland continues to be an important anchor in a translocal way of life.

përgatitjen e njerëzve lidhur me procesin e migrimit. Qytetet që kanë prirje të rriten për shkak të migrimit rural-urban janë më pak të prekura nga ky ndryshim demografik. Për dallim, qytetet e vogla dhe ato të mëdha, të cilat janë veçanërisht të prekura nga migrimi i brendshëm dhe ndërkombëtar, kryesisht i të rinjve, po tkurren dhe vjetrohen.

Duhet theksuar që qytetet kosovare janë në një gjendje të vazhdueshme të mbingarkesës dhe nënshfrytëzimit - kjo situatë shtron pyetjen e vështirë se si planifikimi urban mund t'i përgjigjet qyteteve të banuara në mënyrë ciklike, në një mënyrë afatgjatë dhe të qëndrueshme, dhe si mund të përfshihet diaspora si palë e interesit në proceset e planifikimit. Zgjidhja e këtij problemi do të bëhet edhe më urgjente në të ardhmen nëse merret për bazë migrimi nga Kosova në tregun evropian të punës në vitet e fundit – duke supozuar se diaspora vazhdon të rritet dhe vendlindja vazhdon të jetë mbështetësi më i rëndësishëm i mënyrës translokale të jetës.

Uncontrolled urban sprawl / Shtrirja urbane e pakontrolluar

Hamdi Qorri

Entry

Uncontrolled urban sprawl is one of the most problematic contemporary urban processes. Uncontrolled urban sprawl represents an undesirable type of urban growth. In recent decades, an increased interest in the causes and consequences of uncontrolled urban expansion in the field of planning theory is evident. This is evidenced by numerous official documents that deal with the problem at the European level.

According to METREX (Network of European Metropolitan Areas and Regions),[11] one of the main problems common in some of the European metropolitan areas is uncontrolled urban sprawl. In the comprehensive text of the European Ministers responsible for spatial planning, the ESDP (European Spatial Development Perspective), "in many urban areas in the European Union, development pressure on the areas surrounding cities has become a problem".[12]

Uncontrolled urban expansion is closely related to the processes of urban development, urban growth and urbanization.[13] Although it necessarily implies urban growth, uncontrolled urban sprawl is not an equivalent concept to the concept of urban growth.

Hyrje

Shtrirja urbane e pakontrolluar është një nga proceset urbane bashkëkohore më problematike. Shtrirja urbane e pakontrolluar përfaqëson një lloj të padëshiruar të rritjes urbane. Në dekadat e fundit, është evident një interes i shtuar për shkaqet dhe pasojat e zgjerimit urban të pakontrolluar në fushën e teorisë së planifikimit. Këtë e dëshmojnë dokumente të shumta zyrtare që trajtojnë problemin në nivel evropian.

Sipas METREX (Rrjeti i Zonave dhe Rajoneve Metropolitane Evropiane)[11] një nga problemet kryesore të zakonshme në disa prej zonave metropolitane evropiane është shtrirja urbane e pakontrolluar. Në tekstin gjithëpërfshirës të Ministrave Evropianë përgjegjës për planifikimin hapësinor, ESDP (Perspektiva Evropiane e Zhvillimit Hapësinor),"në shumë zona urbane në Bashkimin Evropian, presioni i zhvillimit në zonat përreth qyteteve është bërë problem"[12]

Zgjerimi urban i pakontrolluar është i lidhur ngushtë me proceset e zhvillimit urban, rritjes urbane dhe urbanizimit.[13] Megjithëse nënkupton domosdoshmërisht rritje urbane, shtrirja urbane e pakontrolluar nuk është një koncept i barabartë me konceptin e rritjes urbane.

While an urban area can be defined based on a morphological criterion or a functional criterion, a metropolitan urban region includes urban and rural areas that are integrated in economic-social function with the city.[14]

To properly understand urban sprawl and suburbanization, it is necessary to see them as part of a broader process of urbanization. Depending on the technological, economic and political circumstances, urbanization processes showed certain regularities and patterns through the alternation of four different phases of urbanization. In the model of the 'stages of urban development,[15] the authors define the phases according to the population evolution of the city core and its periphery (ie, the rings) that make up the 'functional urban region' (FUR). The changes can be absolute (when the evolutions are opposite) or relative (when the evolutions move in the same direction, but with different intensity).

Four levels/phases are recognized, each of which is divided into two steps: Urbanization, as a process, began at the end of the 19th century, in close connection with industrialization processes. The concentration of industrial production caused migrations between the countryside and the city, where the urban population had a continuous trend of growth at the expense of the rural population throughout the 20th century.[16]

In literature several other definitions of urbanization appear in literature, which can be summarized as: the increase in the concentration of the national population in cities; the increased concentration of the

Ndërsa një zonë urbane mund të përcaktohet bazuar në një kriter morfologjik ose një kriter funksional, një rajon urban metropolitan përfshin zonat urbane dhe rurale që janë të integruara ne funksion ekonomiko-social me qytetin.[14]

Për të kuptuar drejt zgjerimin urban dhe suburbanizimin, është e nevojshme që ato të shihen si pjesë e një procesi më të gjerë urbanizimi. Në varësi të rrethanave teknologjike, ekonomike dhe politike, proceset e urbanizimit treguan rregullsi dhe modele të caktuara përmes alternimit të katër fazave të ndryshme të urbanizimit.

Në modelin e 'fazave të zhvillimit urban'[15], autorët përcaktojnë fazat sipas evolucionit të popullsisë së bërthamës së qytetit dhe periferisë së tij (pra, unazave) që përbëjnë 'rajonin urban funksional' (FUR). Ndryshimet mund të jenë absolute (kur evolucionet janë të kundërta) ose relative (kur evolucionet lëvizin në të njëjtin drejtim, por me intensitet të ndryshëm). Njihen katër nivele/faza, secila prej të cilave ndahet në dy hapa: Urbanizimi, si proces, filloi në fund të shekullit të 19-të, në lidhje të ngushtë me proceset e industrializimit. Përqendrimi i prodhimit industrial shkaktoi migrime midis fshatit dhe qytetit, ku popullsia urbane pati një trend të vazhdueshëm rritjeje në kurriz të popullsisë rurale gjatë gjithë shekullit të 20-të.[16]

Në literaturë shfaqen disa përkufizime të tjera të urbanizimit, të cilat mund të përmblidhen si: rritja e përqendrimit të popullsisë kombëtare në qytete; rritja e përqendrimit të popullsisë së përgjithshme shtetërore në qytetet më të mëdha; rritja e përqendrimit

general state population in the largest cities; increasing the concentration of the population of the urban region in its core, at the expense of its peripheral rings.[17] According to the 'stages of urban development' model, urbanization is the first stage of urban development, in which the urban population increases, while the suburbs lose residents (absolute urbanization).

In the second step of the first phase, the suburbs also begin to gain inhabitants, but at a slower rate (relative urbanization).

Suburbanization is described as a process where the population in the suburbs grows more than in the city itself (relative suburbanization). In the second step of the second phase, the city begins to lose population (absolute suburbanization).

Deurbanization means a stage in which the entire urban region begins to lose population: the losses of the city exceed the gains of the suburbs (relative deurbanization), so soon the population of the suburbs also begins to decrease (absolute deurbanization).

Reurbanization is the fourth stage in which the city core begins to lose population at a slower rate than the suburbs (relative reurbanization). The final step involves the city's population growth trend (absolute re-urbanization), which closes the cycle.

The 'stages of urban development' model is of particular importance as a 'benchmark' against which the experiences of different cities and regions can be compared.

të popullsisë së rajonit urban në thelbin e tij, në kurriz të unazës[17] së tij periferike. Sipas modelit të 'fazave të zhvillimit urban', urbanizimi është faza e parë e zhvillimit urban, në të cilën rritet popullsia urbane, ndërsa periferitë humbasin banorë (urbanizimi absolut).

Në hapin e dytë të fazës së parë, edhe periferitë fillojnë të fitojnë banorë, por me ritme më të ngadalta (urbanizimi relativ).

Suburbanizimi përshkruhet si një proces ku popullsia në periferi rritet më shumë se në vetë qytet (periferizim relativ). Në hapin e dytë të fazës së dytë, qyteti fillon të humbas popullsia (suburbanizimi absolut).

Deurbanizimi nënkupton një fazë në të cilën i gjithë rajoni urban fillon të humbasë popullsinë: humbjet e qytetit tejkalojnë përfitimet e periferisë (deurbanizimi relativ), kështu që së shpejti edhe popullsia e periferive fillon të ulet (deurbanizimi absolut).

Riurbanizimi është faza e katërt në të cilën bërthama e qytetit fillon të humbasë popullsinë me një ritëm më të ngadaltë se sa periferitë (riurbanizimi relativ). Hapi i fundit përfshin trendin e rritjes së popullsisë së qytetit (riurbanizimi absolut), i cili mbyll ciklin.

Modeli i 'fazave të zhvillimit urban' është i një rëndësie të veçantë si një 'benchmark' me të cilin mund të krahasohen përvojat e vendeve dhe rajoneve të ndryshme të qytetit.

Uncontrolled urban sprawl and suburbanization

Some functional relationships can help to define uncontrolled urban expansion more precisely: the relationship between the process of urban growth and planning activities (1), the relationship between the growth of the urbanized territory and the number of inhabitants (2), the relationship between the position of the core of urban development and the position of new urbanization (3). A more accurate definition of the term "uncontrolled urban expansion" requires limiting it to the term "periphery". Although they are sometimes used synonymously, in most cases literature in the field of urban and regional planning uses these two terms independently. The bases according to which the two terms differ, it should be noted, are not precisely defined in literature. While it is clear that in both cases we are dealing with peri-urban phenomena (positioned in and around the borders of defined urban areas), the term suburbanization has a slightly less pronounced "negative" critical weight, i.e. seen as an inevitable urban process,[18] while uncontrolled urban expansion always means damage and is presented as a problem that planning institutions and urban administrations try to overcome.[19]

The European Conference of Ministers Responsible for Spatial/Regional Planning defines suburbanization as the process of creating populated neighborhoods located "on the outer edge of the city or outside the official boundaries of the city or even the outer elements of the conurbation", adding that the process of suburbanization is often "matched to that of 'urban sprawl'" especially when it blames increasing traffic

Shtrirja urbane e pakontrolluar dhe suburbanizimi

Disa marrëdhënie funksionale mund të ndihmojnë në përcaktimin më të saktë të zgjerimit urban të pakontrolluar: marrëdhënia midis procesit të rritjes urbane dhe aktiviteteve të planifikimit (1), marrëdhënia midis rritjes së territorit të urbanizuar dhe numrit të banorëve (2), marrëdhënia midis pozicionit të bërthamës së zhvillimit urban dhe pozitës së urbanizimit të ri (3). Një përkufizim më i saktë i termit "zgjerim urban i pakontrolluar " kërkon kufizimin e tij me termin "periferizim".

Edhe pse ato përdoren ndonjëherë si sinonime, në shumicën e rasteve literatura e planifikimit i përdor këto dy terma në mënyrë të pavarur. Bazat sipas të cilave ndryshojnë dy termat, duhet theksuar, nuk janë të përcaktuara saktësisht në literaturë. Ndërsa është e qartë se në të dyja rastet kemi të bëjmë me dukuri periurbane (të pozicionuara në dhe rreth kufijve të zonave urbane të përcaktuara), termi suburbanizim ka një peshë kritike "negative" paksa më pak të theksuar, d.m.th. shihet si një proces i pashmangshëm urban[18], ndërkohë që zgjerimi urban i pakontrolluar nënkupton gjithmonë dëm dhe paraqitet si një problem që institucionet e planifikimit dhe administrata urbane përpiqen ta kapërcejnë.[19]

Konferenca Evropiane e Ministrave Përgjegjës për Planifikimin Hapësinor dhe Rajonal e përkufizon suburbanizimin si proces të krijimit të lagjeve të populluara të vendosura "në skajin e jashtëm të qytetit ose jashtë kufijve zyrtarë të qytetit apo edhe elementëve të jashtëm të konurbacionit", duke shtuar se procesi i suburbanizimi shpesh

problems and the destruction of landscapes and natural resources".[20] From this it follows that suburbanization should be understood as a more general process of creating suburban neighborhoods, and uncontrolled urban expansion as a particularly undesirable form of suburbanization. Taking into account the functional relationships mentioned above, uncontrolled urban expansion can be defined as a type of suburbanization that is unplanned (and therefore devoid of social content) (1), where the growth of the urbanized territory is disproportionately greater than population growth (2), which takes place at an impractically large distance from the urban center (3).

Uncontrolled urban sprawl

Definition of uncontrolled urban expansion (sprawl) is the process of establishing new activities (residential, business, services) outside the compact city within a functional urban region, which is strongly connected to the city due to the daily movement in the country of work and back and this in a way that promotes unplanned and inefficient consumption of undeveloped natural land.

Uncontrolled urban sprawl in the post-communist transition

The phenomenon of uncontrolled urban expansion, as a stage in the process of urban development, had different manifestations in the cities of capitalist and communist countries. In the early stages of urban development (urbanization) arose with the process of industrialization in most countries of the developed world (highlighted in metropolitan areas and regions with the appearance of public transport and daily migrations to workplaces). The process

"përshtatet me atë të 'përhapjes urbane'" veçanërisht kur fajëson problemet në rritje të trafikut dhe shkatërrimin e peizazheve dhe burimeve natyrore"[20]. Nga kjo rezulton se suburbanizimi duhet kuptuar si një proces më i përgjithshëm i krijimit të lagjeve periferike, dhe zgjerimi urban i pakontrolluar si një formë veçanërisht e padëshirueshme e suburbanizimit.

Duke marrë parasysh marrëdhëniet funksionale të përmendura më sipër, zgjerimi urban i pakontrolluar mund të përkufizohet si një lloj suburbanizimi që është i paplanifikuar (dhe për rrjedhojë i papajisur me përmbajtje sociale) (1), ku rritja e territorit të urbanizuar është në mënyrë disproporcionale më e madhe se rritja e popullsisë (2), i cili zhvillohet në një distancë jopraktike të madhe nga qendra urbane (3).

Shtrirje urbane e pakontrolluar

Perkufizimi i zgjerimit urban te pakontrolluar (përhapjen) si proces të vendosjes së aktiviteteve të reja (banim, biznes, shërbime) jashtë qytetit kompakt brenda një rajoni urban funksional, i cili është i lidhur fort me qytetin për shkak të lëvizjes e përditshme në vendin e punës dhe mbrapa dhe kjo në një mënyrë që promovon konsumin e paplanifikuar dhe joefikas të tokës natyrore të pazhvilluar .

Shtrirja urbane e pakontrolluar në tranzicionin postkomunist

Fenomeni i zgjerimit urbane të pakontrolluar, si një fazë në procesin e zhvillimit urban, pati manifestime të ndryshme në qytetet e vendeve kapitaliste dhe komuniste. Në fazën e hershme të zhvillimit urban (urbanizimi) lindi me procesin e industrializimit në

began in the 19th century and escalated in the 20th century. Most of the large cities of the former Eastern Bloc were 'affected' by suburbanization in the 1920s and 1930s, before the introduction of the socialist political-economic system. These suburban extensions at the time were mainly associated with railway stations and railways, spreading in all directions from the industrial centres.

After the Second World War and the introduction of the socialist political and economic system, the processes of suburbanization in the countries of the Eastern Bloc were strongly inhibited. The pattern of urbanization in communist countries, driven by national development policies, was characterized by the concentration of investment and growth in large centers and cities and within their territories, in large residential areas and industrial complexes on their urban fringes. For Eynedi,[21] suburbanization in the Western sense never took place.

Opening up to the new social and economic systems of the Eastern Bloc countries, the stages of urbanization are reset in their cities and the phenomenon of uncontrolled urban expansion takes on similar characteristics that had occurred in earlier capitalist societies. This problem requires more detailed research as a phenomenon for countries in transition, because certain socialist countries had developed and controlled urban and spatial development within the framework of institutions (planning and design), but without a great impact on economic opportunities and individual ownership. Private initiatives, housing policy, social

shumicën e vendeve të botës së zhvilluar (e theksuar në zonat metropolitane, rajone, me paraqitjen e transportit publik, migrimet e përditshme në vendet e punës).

Procesi filloi në shekullin e 19-të dhe u përshkallëzua në shekullin e 20-të. Shumica e qyteteve të mëdha të ish-Bllokut Lindor ishin 'prekur' nga suburbanizimi në vitet 1920 dhe 1930, përpara futjes së sistemit politiko-ekonomik socialist. Këto zgjerime periferike në atë kohë ishin të lidhura kryesisht me stacionet hekurudhore dhe hekurudhat, duke u përhapur në të gjitha drejtimet nga qendrat industriale. Pas Luftës së Dytë Botërore dhe futjes së sistemit politik dhe ekonomik socialist, proceset e suburbanizimit në vendet e Bllokut Lindor u frenuan fuqishëm.

Modeli i urbanizimit në vendet komuniste, i drejtuar nga politikat kombëtare të zhvillimit, karakterizohej nga përqendrimi i investimeve dhe rritjes në qendrat dhe qytetet e mëdha dhe brenda territoreve të tyre, në zona të mëdha banimi dhe komplekse industriale në skajet e tyre urbane. Për Eynedi[21], suburbanizimi në kuptimin perëndimor nuk u zhvillua kurrë.

Duke u hapur ndaj sistemeve të reja shoqërore dhe ekonomike të vendeve të Bllokut Lindor, fazat e urbanizimit rivendosen në qytetet e tyre dhe dukuria e zgjerimit të pakontrolluar urban merr karakteristika të ngjashme që kishte ndodhur në shoqëritë kapitaliste më herët. Ky problem kërkon kërkime më të detajuara si fenomen për vendet në tranzicion, sepse vende të caktuara socialiste kishin zhvilluar dhe kontrolluar zhvillimin urban dhe hapësinor brenda

development, social relations, technical and technological solutions, etc. With the release of private initiatives in investments and private ownership, as a result, what happened in the world a hundred or more years ago is happening now with a time delay, but clearly in new circumstances and with characteristics that follow the current state of developed countries.

Urban planning and spatial planning expertise have a specific role in the dynamics and statics of the phenomenon of uncontrolled urban expansion. Although the regulatory role of planning, at least by vocation, has been present in Western European countries and the United States of America since the beginning of the 20th century until today, it seems that market liberalization and class stratification of society with the continuous trend of urban growth have enabled continuous growth with their continuous pressures at the pace of the uncontrolled urban expansion process.

Focusing on the problem of the organization of the urban economy is justified by the current factual situation of cities developed for 40 years in the countries of the former socialist bloc. The command economy and central planning, characteristic of the socialist arrangement of cities and their planning, managed to maintain a relatively clear urban edge of the city with minimal manifestations of uncontrolled urban expansion.

However, since the 1990s, with the introduction of a market economy and planning in a democratic political context, uncontrolled urban sprawl has taken off, becoming a fundamental feature of the transformation

kuadrit të institucioneve (planifikimit dhe projektimit), por pa një ndikim të madh mbi mundësitë ekonomike, pronësinë individuale. iniciativa private, politika e strehimit, zhvillimi social, marrëdhëniet sociale, zgjidhjet teknike dhe teknologjike, etj. Me lirimin e iniciativës private në investime, pronësi private, ajo që ndodhi në botë njëqind e më shumë vite më parë po ndodh me një vonesë kohore, por qartësisht në rrethana të reja dhe me karakteristika që ndjekin gjendjen aktuale të vendeve të zhvilluara.

Ekspertiza e planifikimit urban dhe planifikimit hapësinor ka një rol specifik në dinamikën dhe statikën e fenomenit të zgjerimit të pakontrolluar urban. Edhe pse roli rregullator i planifikimit, të paktën me vokacion, ka qenë i pranishëm në vendet e Evropës Perëndimore dhe në Shtetet e Bashkuara të Amerikës që nga fillimi i shekullit të 20-të e deri më sot, duket se liberalizimi i tregut dhe shtresimi klasor i shoqërisë me tendencën e vazhdueshme të rritjes urbane, kanë mundësuar rritje të vazhdueshme me presionet e tyre të vazhdueshme.ritmi i procesit të zgjerimit urban të pakontrolluar.

Vënia në fokus të problemit të çështjes së organizimit të ekonomisë urbane justifikohet nga gjendja faktike aktuale e qyteteve të zhvilluara prej 40 vitesh në vendet e ish-bllokut socialist. Ekonomia komanduese dhe planifikimi qendror, karakteristikë e rregullimit socialist të qyteteve dhe planifikimit të tyre, arritën të ruanin një skaj urban relativisht të qartë të qytetit me manifestime minimale të zgjerimit urban të pakontrolluar.

of these cities. In Kosovo, uncontrolled urban expansion is presented in the case of the movement of residents from rural areas to urban areas and this is a consequence of the war, as a large number of residential houses and their family savings have been destroyed, especially in rural areas.

Background

Although present since the late 19th century, the phenomenon of uncontrolled urban sprawl, in its current interpretation, was first seen in the USA in the late 1950s as one of the new dominant processes of urban form. Several new coinciding circumstances—mass ownership of private automobiles, massive highway construction, and the introduction of home loan systems—created the conditions for a growing upper middle class to escape narrow and diverse domestic problems in the areas of the city, in spacious houses surrounded by luxurious gardens, on the outskirts of the city.

This type of 'expansion' of construction and its associated functions was soon titled, in the professional and popular literature, 'urban sprawl', widely understood as uncontrolled urban growth. While the first symptoms of uncontrolled urban expansion were already observed at the end of the 19th century and the beginning of the 20th century, most of the typical features of this set of processes were already clearly expressed in the post-war years, and soon were identified in the vicinity of large and medium-sized cities in Western Europe.

Several definitions of uncontrolled urban sprawl circulate in planning research practice, with the frequent assertion that it is

Megjithatë, që nga vitet 1990, me futjen e një ekonomie tregu dhe planifikimin në një kontekst politik demokratik, shtrirja urbane e pakontrolluar ka marrë hov, duke u bërë një tipar themelor i transformimit të këtyre qyteteve.

Në Kosovë, zgjerimi urban i pakontrolluar është paraqitur me rastin e levizjës së banorëve nga pjesët rurale në drejtim urban dhe kjo si pasojë e luftës, pasi që një numër i madh i shtëpive të banimit dhe ekonimitë e tyre familjare janë shkatërruar, veqanerisht në hapësirat rurale.

Historiku

Ndonëse i pranishëm që nga fundi i shekullit të 19-të, fenomeni i zgjerimit urban të pakontrolluar, në interpretimin e tij aktual, u pa për herë të parë në SHBA në fund të viteve 1950, si një nga proceset e reja dominuese të formës urbane. Disa rrethana të reja që përkojnë - pronësia masive e automjeteve private, ndërtimi masiv i autostradave dhe futja e sistemeve të kredisë për blerjen e njësive banesore - krijuan kushtet që klasa e mesme e lartë në rritje të largohej nga problemet e ngushta dhe të ndryshme të brendshme. zonat e qytetit në shtëpi të bollshme të rrethuara nga kopshte luksoze, në periferi të qytetit.

Ky lloj 'shtrirjeje' i ndërtimit dhe funksioneve shoqëruese të tij u titullua shpejt, në literaturën profesionale dhe popullore, 'urban sprawl', d.m.th. 'zgjerimi urban', i përkthyer fjalë për fjalë nga gjuha angleze dhe gjerësisht i kuptuar si rritje urbane pa kontroll. Ndërkohë që simptomat e para të zgjerimit urban të pakontrolluar janë vërejtur tashmë në fund të shekullit të 19-të dhe

a term that has yet to be consistently and fully defined.[22] According to Galster et al. Uncontrolled urban sprawl is often better described than defined and can refer to various concepts such as: land use patterns, land development processes, causes of certain land use behaviors and their consequences.

One of the earliest definitions belongs to the authors Harvey and Clark, who, refraining from direct valorization, equate uncontrolled urban sprawl with "the distribution of urban settlements in the rural landscape".[23] Pendall's simple definition, according to which the phenomenon is effective, is also effectivity is defined as 'low-density urbanization,[24] as well as that of Wilson et al. which states 'a land-consuming pattern of suburban development'.[25]

It is also very important to 'fix' the measurability of uncontrolled urban expansion through its functional relationship with the population growth of a given area, achieved in the definition provided by the United States Environmental Protection Agency and according to which 'in a metropolis at scale, it can be said that uncontrolled urban sprawl occurs when the rate of conversion of land to non-agricultural and non-natural uses exceeds the rate of population growth.

"Rahman et al. define uncontrolled urban sprawl as a situation in which urban development adversely affects the urban environment and the result of which is an area that is not acceptable as an urban environment, while it is also unacceptable as a rural agricultural environment. Uncontrolled urban expansion creates, therefore, a space

fillimit të shekullit të 20-të, shumica e tipareve tipike të këtij grupi procesesh tashmë ishin shprehur qartë në vitet e pasluftës, dhe së shpejti u identifikuan në rrethinat e qyteteve të mëdha dhe të mesme në Evropën Perëndimore.

Në praktikën kërkimore të planifikimit qarkullojnë disa përkufizime të zgjerimit urban të pakontrolluar, me pohimin e shpeshtë se ai është një term që ende nuk është përcaktuar në mënyrë konsistente dhe plotësisht[22]. Sipas Galster et al. shtrirja e pakontrolluar urbane shpesh përshkruhet më mirë sesa përkufizohet dhe mund t'u referohet koncepteve të ndryshme si: modelet e përdorimit të tokës, proceset e zhvillimit të tokës, shkaqet e sjelljeve të caktuara që lidhen me përdorimin e tokës dhe pasojat e tyre.

Një nga përkufizimet më të hershme u përket autorëve Harvey dhe Clark, të cilët, duke u përmbajtur nga valorizimi i drejtpërdrejtë, e barazojnë shtrirjen e pakontrolluar urbane me "shpërndarjen e vendbanimeve urbane në peizazhin rural"[23]. Përkufizimi i thjeshtë i Pendall, sipas të cilit fenomeni është efektiv, është gjithashtu efektiv përkufizohet si 'urbanizim me densitet të ulët'[24], si dhe ai i Wilson et al. që lexon 'një model zhvillimi periferik që konsumon tokën'[25]. Është gjithashtu shumë e rëndësishme të 'rregullohet' matshmëria e zgjerimit të pakontrolluar urban nëpërmjet lidhjes së tij funksionale me rritjen e popullsisë së një zone të caktuar, e arritur në përkufizimin e dhënë nga Agjencia e Mbrojtjes së Mjedisit të Shteteve të Bashkuara dhe sipas të cilit 'në një metropol në shkallë, mund të thuhet se shtrirja e pakontrolluar

without clear qualities: urban and non-rural space, while destroying the agricultural areas and forests that surround the city.[26]

Despite the differences in the way of definition, all mentioned approaches to the phenomenon of 'uncontrolled urban sprawl' share the opinion that it is an unplanned and uneven pattern of growth, which is caused by a multitude of processes and which results in increasingly inefficient use of resources.[27] Therefore, the important properties of uncontrolled urban expansion are: urban morphology, its causes and consequences.

Morphological criterion

While compactness (density) and quality of space are quite relative (though very important) criteria that can vary significantly from city to city, one of the basic factors for recognizing an uncontrolled type of urban growth is morphological. According to Wilson et al, three morphological types of urban growth can be distinguished: infill, expansion and suburbia.[28] While infill and expansion mean such urban growth where the newly built segment is surrounded, respectively, by a minimum of 40% and a maximum of 40% already built, i.e. urbanized segments, far expansion means construction that is completely 'free', i.e. it is not limited by existing urban fragments. The last type, to which uncontrolled urban sprawl belongs, can be further considered as an isolated branch (1), linear branch (2) and cluster branch (3).

Most authors agree that the first type, also called scattered, scattered, low-density, individual residential, discontinuous

urbane ndodh kur shkalla e shndërrimit të tokës në përdorime jo bujqësore dhe jonatyrore tejkalon shkallën e rritjes së popullsisë."

Rahman et al. përkufizojnë shtrirjen urbane te pakontrolluar si një situatë në të cilën zhvillimi urban ndikon negativisht në mjedisin urban dhe rezultati i së cilës është një zonë që nuk është e pranueshme si mjedis urban, ndërsa është gjithashtu e papranueshme si një mjedis bujqësor rural. Zgjerimi urban i pakontrolluar krijon, pra, një hapësirë pa cilësi të qarta: hapësirë jourbane dhe jo rurale, ndërkohë që shkatërron sipërfaqet bujqësore dhe pyjet që rrethojnë qytetin.[26]

Pavarësisht nga dallimet në mënyrën e përkufizimit, të gjitha qasjet e përmendura ndaj fenomenit të 'përhapjes urbane te pakontrolluar ' ndajnë mendimin se ai është një model i paplanifikuar dhe i pabarabartë i rritjes, i cili shkaktohet nga një mori procesesh dhe që rezulton në një rritje joefikase në përdorimin e resurseve[27]. Prandaj, vetitë e rëndësishme të zgjerimit urban të pakontrolluar janë: morfologjia urbane, shkaqet dhe pasojat e tij.

Kriteri morfologjik

Ndërsa kompaktësia (dendësia) dhe cilësia e hapësirës janë kritere mjaft relative (megjithëse shumë të rëndësishme) që mund të ndryshojnë ndjeshëm nga qyteti në qytet, një nga faktorët bazë për njohjen e një lloji të pakontrolluar të rritjes urbane është morfologjik. Sipas Wilson et al, mund të dallohen tre lloje morfologjike të rritjes urbane: mbushja, zgjerimi dhe periferia[18]. Ndërsa mbushja dhe zgjerimi nënkuptojnë një rritje të tillë urbane ku segmenti i sapondërtuar

or non-compact, represents uncontrolled urban expansion(sprawl). It should be noted that the opposite type of growth and development is polycentric growth, although many authors have emphasized that the line between uncontrolled peripheral growth and polycentric growth is very thin. According to Gordon and Wong, it is difficult to say with certainty at what number of secondary centers growth ceases to be polycentric and begins to be an uncontrolled non-compact urban sprawl. To be able to determine which type of urban growth is considered undesirable i.e. represents uncontrolled urban expansion, it is necessary to combine the morphological criterion and the impact assessment criterion, i.e. consequence of urban growth.

Consequences of uncontrolled urban sprawl

The main reason for "introducing" the problem of uncontrolled urban expansion into the sphere of research issues of orthodox planning is its direct opposition to the principles and process of sustainable development.

In addition to the spatial consequences, which are reflected, first of all, in the emptying of city centers, as well as their material and social deterioration and the creation of problematic urban categories that cannot be clearly defined as urban or rural, the phenomenon of uncontrolled urban expansion is related directly with a number of negative impacts on the state of the contemporary urban form. The opposition to the principles of sustainable development can be explained by breaking down the problem

është i rrethuar, respektivisht, nga një minimum prej 40% dhe një maksimum prej 40% të ndërtuara tashmë, d.m.th. segmente të urbanizuara, zgjerimi i largët nënkupton ndërtim që është plotësisht 'falas', d.m.th. nuk kufizohet nga fragmente urbane ekzistuese. Lloji i fundit, të cilit i përket shtrirja e pakontrolluar urbane, mund të konsiderohet më tej si degë e izoluar (1), degë lineare (2) dhe degë grumbullimi (3).

Shumica e autorëve pajtohen se lloji i parë, i quajtur gjithashtu i shpërndarë, i shpërndarë me densitet të ulët, individual-rezidencial, i ndërprerë ose jo kompakt - përfaqëson zgjerim të pakontrolluar urban (përhapje). Duhet theksuar se lloji i kundërt i rritjes dhe zhvillimit është rritja policentrike, megjithëse shumë autorë kanë theksuar se kufiri midis rritjes së pakontrolluar periferike dhe rritjes policentrike është shumë i hollë. Sipas Gordon dhe Wong, është e vështirë të thuhet me siguri në cilin numër qendrash dytësore rritja pushon së qeni policentrike dhe fillon të jetë një shtrirje urbane e pakontrolluar jo kompakte.

Për të qenë në gjendje të përcaktohet se cili lloj i rritjes urbane konsiderohet i padëshirueshëm, d.m.th. paraqet zgjerim urban të pakontrolluar, është e nevojshme të bashkohet kriteri morfologjik dhe kriteri i vlerësimit të ndikimit, d.m.th. pasojë e rritjes urbane.

Pasojat e shtrirjes së pakontrolluar urbane

Arsyeja kryesore e "futjes" së problemit të zgjerimit urban të pakontrolluar në sferën e çështjeve kërkimore të planifikimit ortodoks është kundërshtimi i drejtpërdrejtë i tij me parimet dhe procesin e zhvillimit të qëndrueshëm.

into economic, sociological and ecological consequences of suburbanization.

The economic consequences are reflected in the inefficient consumption of resources (potential agricultural and natural land), as well as in the increase in the costs of public services for new settlements (both in the investment phase through infrastructural investments and in the exploitation phase), which arise from their position and distributed morphological configurations.

The phenomenon of suburbanization, especially in its contemporary form, has proven to be worthy of consideration within the framework of ecological and sociological scientific disciplines. It is a process with a spatial and economic as well as a social nature, the examination of which is complex and sensitive. The transformation of social organization, the role of the family, the demographic structure, the nature of work and the way of "choosing a locality for a better life" - (how we choose where we live and with whom), the usual domestic roles and relationships in the family changed, as well as redefined issues of social and individual responsibility.

Seen in a broader sense, the consequences that the process of suburbanization has on the dynamics, conditions and laws of the development of human society and the state of the social community are really great. In the sociological aspect, uncontrolled urban expansion means a specific type of projection of the social stratification of contemporary society in space, which results in the fragmentation of the urban space as enclaves inhabited by homogeneous class

Krahas pasojave hapësinore, të cilat reflektohen, para së gjithash, në zbrazjen e qendrave të qyteteve, si dhe përkeqësimin e tyre material e social dhe krijimin e kategorive urbane problematike që nuk mund të përkufizohen qartë si urbane apo rurale, fenomeni zgjerimi urban i pakontrolluar lidhet drejtpërdrejt me një sërë ndikimesh negative në gjendjen e formës bashkëkohore urbane. Kundërshtimi ndaj parimeve të zhvillimit të qëndrueshëm mund të shpjegohet duke e zbërthyer problemin në pasoja ekonomike, sociologjike dhe ekologjike të suburbanizimit.

Pasojat ekonomike reflektohen në konsumin joefikas të resurseve (tokë potenciale bujqësore dhe natyrore), si dhe në rritjen e kostove të shërbimeve publike për vendbanimet e reja (si në fazën e investimit nëpërmjet investimeve infrastrukturore ashtu edhe në fazën e shfrytëzimit), të cilat lindin nga pozicioni i tyre dhe konfigurimet morfologjike të shpërndara.

Fenomeni i suburbanizimit, veçanërisht në formën e tij bashkëkohore, është dëshmuar të jetë i denjë për t'u konsideruar në kuadrin e disiplinave shkencore ekologjike dhe sociologjike. Është një proces me natyrë sa hapësinore dhe ekonomike aq edhe shoqërore, shqyrtimi i të cilit është kompleks dhe i ndjeshëm. Transformimi i organizimit shoqëror, rolit të familjes, strukturës demografike, natyrës së punës dhe mënyrës së "zgjedhjes së njëlokaliteti per jete me te mire " - (si zgjedhim se ku jetojmë dhe me kë), rolet dhe marrëdhëniet e zakonshme shtëpiake në familja ndryshoi, si dhe ripërcaktoi çështjet e përgjegjësisë sociale dhe individuale.

social groups. There is a frequent occurrence of the construction of new suburban settlements as "gated communities", which represent the culmination of sociologically problematic phenomena associated with uncontrolled urban expansion.

The ecological consequences of uncontrolled urban expansion are manifested in the very essence of the process – the occupation of green areas of 'natural' conditions, green fields and land by low-density constructions. The intensive use of individual vehicles also contributes to the ecological unsustainability of this urban growth system. Consequences related to research issues in environmental disciplines include impacts on flora, fauna, and ecosystems in general such as reduction of air quality, increase in temperature, loss of arable land, reduction of water quality, as well as negative consequences on public health and individual (the increase in the number of obese people due to the exclusive use of motor vehicles during movement, for example). According to Alberti, the state of uncontrolled urban sprawl is a forced equilibrium based on incomplete information about the full environmental cost of providing human services to low-density development areas.[29]

The transition context

While the expansion of housing functions outside the urban boundary was very rare in the socialist period (with the exception of the phenomenon of illegal constructions that appeared for the first time at this time), after the fall of the socialist regimes, the return of land rent and the new economy, the reality of the free market initiated

Shikuar në një kuptim më të gjerë, pasojat që ka procesi i suburbanizimit në dinamikën, kushtet dhe ligjet e zhvillimit të shoqërisë njerëzore dhe gjendjes së bashkësisë shoqërore janë vërtet të mëdha. Në aspektin sociologjik, zgjerimi i pakontrolluar urban nënkupton një lloj specifik projeksioni të shtresimit social të shoqërisë bashkëkohore në hapësirë, që rezulton në copëzimin e hapësirës urbane si enklavë të banuara nga grupe sociale klasore homogjene. Ka një dukuri të shpeshtë të ndërtimit të vendbanimeve të reja periferike si "komunitete të mbyllura", të cilat përfaqësojnë kulmin e fenomeneve problematike sociologjikisht të lidhura me zgjerimin e pakontrolluar urban.

Pasojat ekologjike të zgjerimit urban të pakontrolluar manifestohen në vetë thelbin e procesit – zënien e zonave të gjelbra të kushteve 'natyrore', fushës së gjelbër, tokës nga ndërtimet me densitet të ulët. Përdorimi intensiv i automjeteve individuale kontribuon gjithashtu në paqëndrueshmërinë ekologjike të këtij sistemi të rritjes urbane. Pasojat që lidhen me çështjet kërkimore në disiplinat mjedisore përfshijnë ndikimet në florën, faunën dhe ekosistemet në përgjithësi, uljen e cilësisë së ajrit, rritjen e temperaturës, humbjen e tokës së punueshme, uljen e cilësisë së ujit, si dhe pasojat negative në shëndetin publik dhe individual (rritja e numrit të njerëzve obezë për shkak të përdorimit ekskluziv të mjeteve motorike gjatë lëvizjes, për shembull).

Sipas Alberti, gjendja e shtrirjes urbane të pakontrolluar është një ekuilibër i detyruar i bazuar në informacione jo të plota në lidhje me koston e plotë mjedisore të ofrimit të

the restructuring of urban space and urban models, where the phenomenon of uncontrolled urban expansion takes a large part.

The specific characteristics of urban administrations in transition, such as the endless willingness to compromise according to the wishes of investors and reactive urban planning, particularly favored the expansion of the urban fabric outside compact urban boundaries and city limits.

Many authors highlight the introduction of land rent, the emergence and growth of the real estate market as the main causes of the process of radical transformation of the cities of the former Eastern Bloc.[30] The democratization of society, which brought with it an increase in paying power and the possibility of choosing a lifestyle menu, led to the creation of a diversity of demands in this market, which strongly influenced the creation of a new urban landscape.

In many cities of the former socialist bloc, the construction of individual housing increased fivefold in the first 10 years of the transition period (1989-2001), where the pressure on the narrow urban environment was most intense. In essence, the post-communist transformation of cities such as Prague, Warsaw and Budapest was marked from the process of uncontrolled urban expansion.[31]

Also, the liberalization and democratization of the economic-political-social system created the conditions for the reorganization of planning practice and the implementation of a series of new planning concepts and urban development policies, most often according

shërbimeve njerëzore për zonat e zhvillimit me densitet të ulët.[29]

Konteksti i tranzicionit

Ndërsa zgjerimi i funksioneve të banimit jashtë kufirit urban ishte shumë i rrallë në periudhën socialiste (me përjashtim të fenomenit të ndërtimeve pa leje që u shfaq për herë të parë në këtë kohë), pas rënies së regjimeve socialiste, rikthimit të qirasë së tokës dhe ekonomisë së re. realiteti i tregut të lirë inicoi ristrukturimin e hapësirës urbane dhe modeleve urbane, ku një peshë të madhe zë fenomeni i zgjerimit urban të pakontrolluar.

Karakteristikat specifike të administratave urbane në tranzicion, si gatishmëria e pafundme për të bërë kompromis sipas dëshirave të investitorëve dhe planifikimi urban reaktiv, favorizuan veçanërisht zgjerimin e strukturës urbane jashtë kufijve kompakt urban dhe kufijve të qytetit.

Shumë autorë nxjerrin në pah futjen e qirasë së tokës, shfaqjen dhe rritjen e tregut të pasurive të paluajtshme si shkaqet kryesore të procesit të transformimit rrënjësor të qyteteve të ish-Bllokut Lindor.[30].

Demokratizimi i shoqërisë, i cili solli me vete një rritje të fuqisë paguese dhe mundësinë e zgjedhjes së një menure jetese, çoi në krijimin e një diversiteti kërkesash në këtë treg, gjë që ndikoi fuqishëm edhe në krijimin e një peizazhi të ri urban.

Në shumë qytete të ish-bllokut socialist, ndërtimi i banesave individuale u pesëfishua në 10 vitet e para të periudhës së tranzicionit

to the recommendations and standards promoted by the EU.

Conclusion

Urban growth and uncontrolled urban sprawl indicate that a number of intertwined causes are responsible for them. The causes of urban growth are not necessarily the causes of uncontrolled urban sprawl, although uncontrolled urban sprawl is always necessarily associated with urban growth. They range from the conventional - such as population growth and migration between rural and urban areas, through personal preferences related to housing type to land and real estate speculation related to the regularity of land lease operations and the ways in which functioning of the city economy.

(1989-2001), ku presioni mbi mjedisin e ngushtë urban ishte më intensiv.

Në thelb u shënua transformimi postkomunist i qyteteve si Praga, Varshava dhe Budapesti, e cila në vitet 2000 mori fluksin më të madh të investimeve të huaja, që përfaqësonin të ashtuquajturën rangun e parë të zhvillimit ndër qytetet e ish-Bllokut Lindor. nga procesi i zgjerimit urban të pakontrolluar.[31]

Gjithashtu, liberalizimi dhe demokratizimi i sistemit ekonomiko-politik-social krijoi kushtet për riorganizimin e praktikës së planifikimit dhe zbatimin e një sërë konceptesh të reja të planifikimit dhe politikave të zhvillimit urban, më së shpeshti sipas rekomandimeve dhe standardeve të promovuara nga BE.

Perfundim

Rritja urbane dhe shtrirja urbane e pakontrolluar tregon se një sërë shkaqesh të ndërthurura janë përgjegjëse për to. Shkaqet e rritjes urbane nuk duhet të jenë domosdoshmërisht shkaqet e zgjerimit urban të pakontrolluar, megjithëse zgjerimi urban i pakontrolluar është gjithmonë domosdoshmërisht i lidhur me rritjen urbane. Ato variojnë nga konvencionale - të tilla si rritja e popullsisë dhe migrimi midis zonave rurale dhe zonave urbane, përmes preferencave personale që lidhen me llojin e banesave te spekulimet e tokës dhe pasurive të paluajtshme në lidhje me rregullsinë e funksionimit të qirasë së tokës dhe mënyrat e funksionimit të qytetit dhe ekonomisë.

Nevojitet fokusimi në shkaqet, dukuritë dhe pasojat e shtrirjes urbane të pakontrolluar

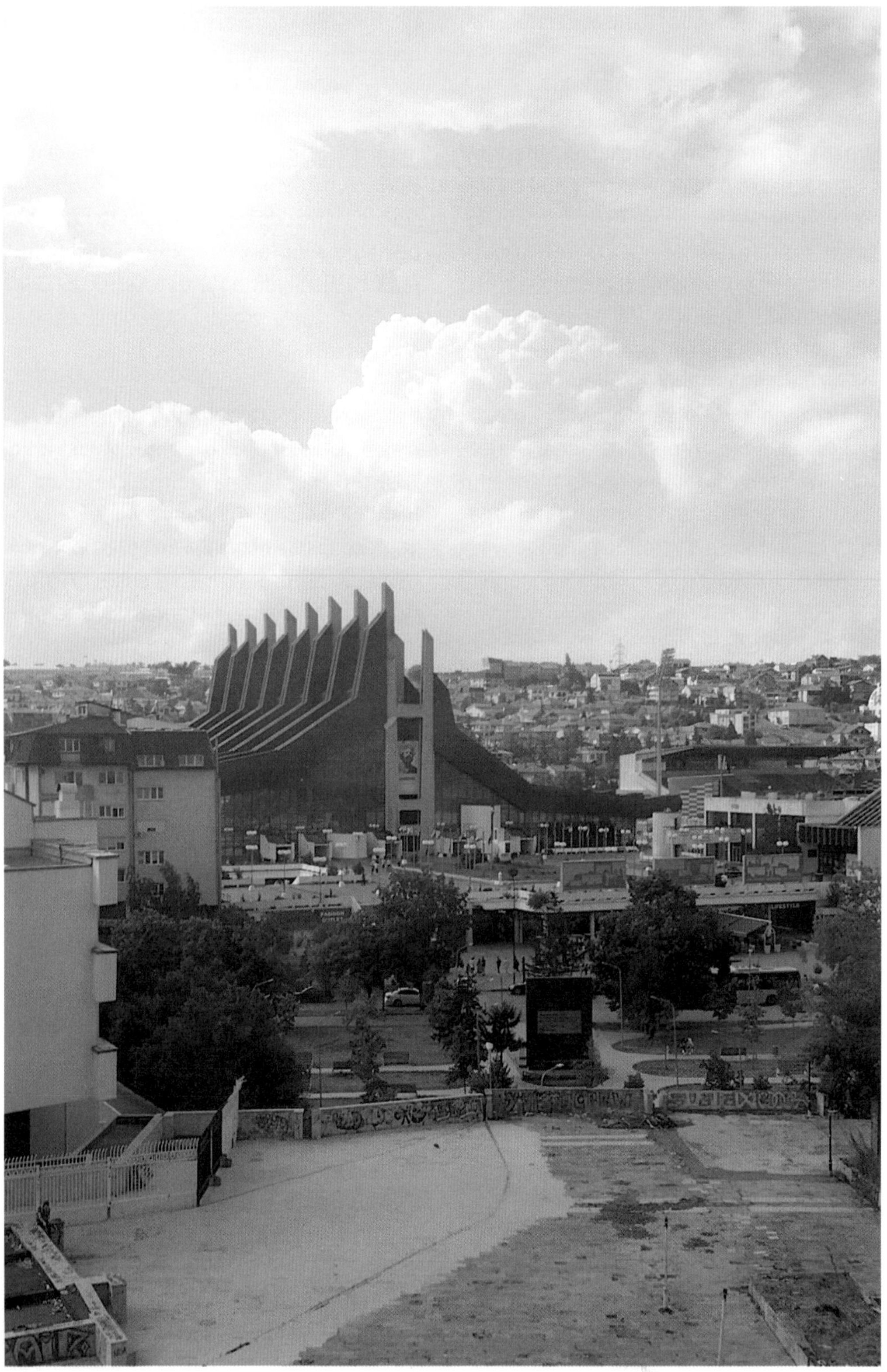

There needs to be a focus on the causes, phenomena and consequences of uncontrolled urban sprawl in the developed cities of Kosovo, as well as on past planning experiences in countering the trends of uncontrolled urban sprawl. Therefore, the introduction of the market economy and the democratization of society, in the specific political conditions of the urban administration in transition, influenced the intensification of the process of uncontrolled suburbanization in our cities.

në qytetet e zhvilluara të Kosovës, si dhe në përvojat e kaluara të planifikimit në kundërshtimin e tendencave të shtrirjes urbane të pakontrolluar. Prandaj, futja e ekonomisë së tregut dhe demokratizimi i shoqërisë, në kushtet specifike politike të administratës urbane në tranzicion, ndikuan në intensifikimin e procesit të suburbanizimit të pakontrolluar në qytetet tona.

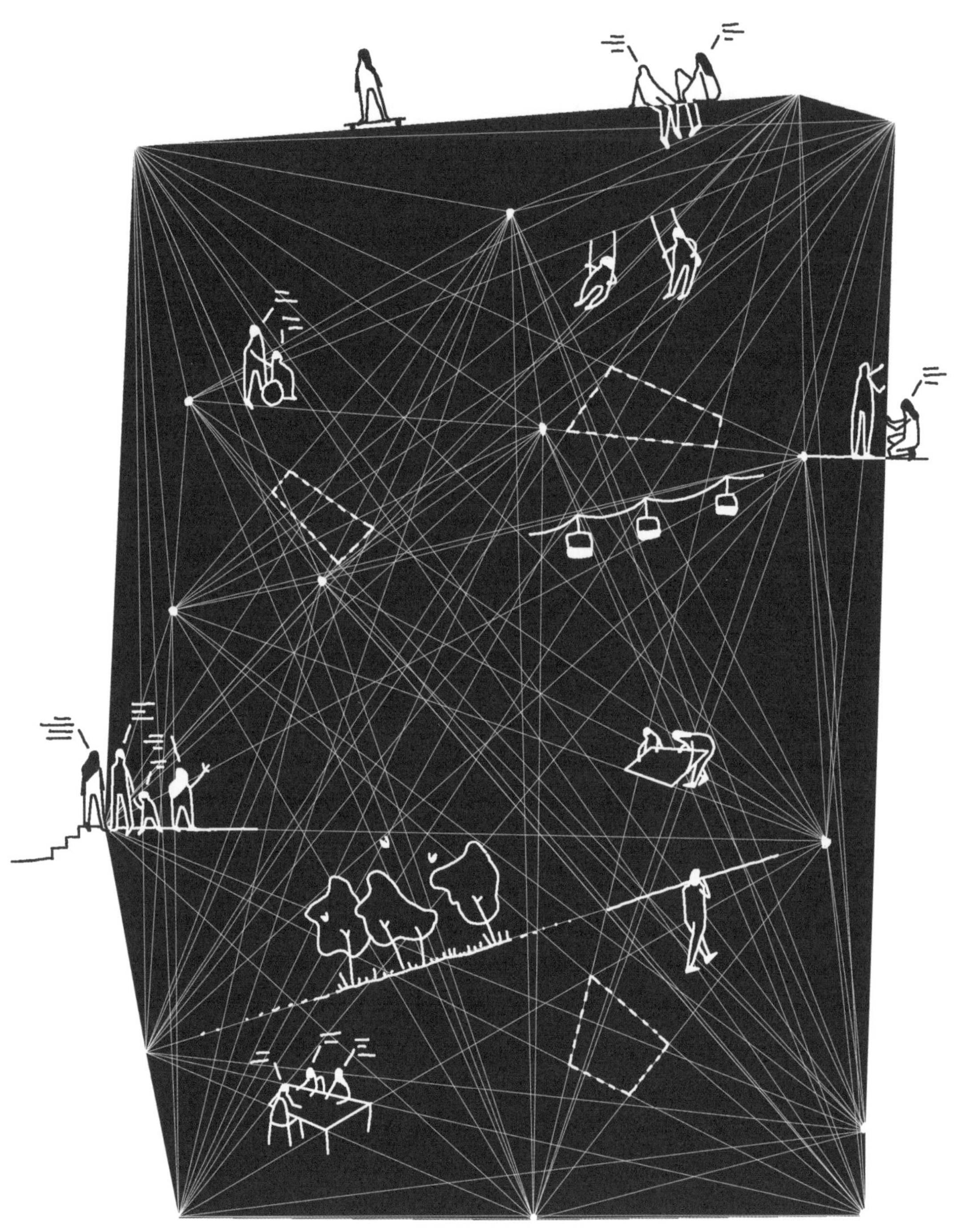

Strategies for resilient cities in times of crisis in Europe/ Strategjitë për qytetet resiliente në kohë krize në Evropë

Detlef Kurth

Challenges for European cities

Cities are increasingly confronted with severe challenges simultaneously: extreme weather, cyberattacks, disease pandemics, and attacks on critical infrastructure. Cities need to face acute short-term catastrophes, such as the Covid-19 pandemic, but also long-term chronic crises, such as climate change or demographic change. Climate change will have a major impact on cities with increasing temperature and water shortages. Climate change and natural desasters will increase the amount of migrants all over the world. On the other side, the demographic development in most European countries will cause aging, migration will become crucial to get new skilled workers. Cities should not react to such different crises with single measures but with integrated urban development strategies and combined measures.

The unjustified war of Russia against the independent state of Ukraine since February 2022 shows how important it is to protect critical infrastructure, care for supply lines and maintain military services, and protect

Sfidat për qytetet evropiane

Qytetet po përballen gjithnjë e më shumë me sfida të rënda njëkohësisht: mot ekstrem, sulme kibernetike, pandemi të sëmundjeve dhe sulme në infrastrukturën kritike. Qytetet duhet të përballen me katastrofa akute afatshkurtra, siç është pandemia Covid-19, por edhe kriza kronike afatgjata, si ndryshimet klimatike apo ndryshimet demografike. Ndryshimet klimatike do të kenë një ndikim të madh në qytetet me rritje të temperaturës dhe mungesës së ujit. Ndryshimet klimatike dhe fatkeqësitë natyrore do të rrisin numrin e emigrantëve në të gjithë botën. Nga ana tjetër, zhvillimi demografik në shumicën e vendeve evropiane do të shkaktojë plakje, kurse migrimi do të bëhet vendimtar për të marrë punëtorë të rinj të kualifikuar. Qytetet nuk duhet të reagojnë ndaj krizave të tilla të ndryshme me masa të vetme, por me strategji të integruara të zhvillimit urban dhe masa të kombinuara.

Lufta e pajustifikuar e Rusisë kundër shtetit të pavarur të Ukrainës që nga shkurti 2022 tregon se sa e rëndësishme është mbrojtja e infrastrukturës kritike, kujdesi për linjat

the idea of freedom and pluralism in the European city. To respond to all these challenges, we need an understanding of further risks and new planning instruments and governance models. Urban resilience means the capacity of a city to rebound, adapt, and transform itself into an improved rebuild structure. Urban planning has to respond to these challenges with preventive strategies to increase resilience and further develop mission statements and planning tools.[32]

Challenges for urban planning models

Since the 1980s, the concept of a compact, socially and functionally mixed city has been continuously pursued, with severe implementation deficits. The Leipzig Charter of 2007 of the EU emphasizes the concept of sustainable and integrated urban development, and also the support of deprived neighborhoods. Since 2020, the New Leipzig Charter has been supplemented by the model of the transformative power of cities, as the common good-oriented, green, productive and just city. An important question is whether our current urban planning model is still up to the challenges of the future, in face of climate change and natural disasters.[33]

The pandemic of Covid 19 has revealed "new" challenges in Europe, e.g., in the prevention of danger, in health care, and in digitization. In many areas, however, it acts more like a magnifying glass, e.g., stationary retail, mobility change, or social inequality. Urban development policy must respond to this. Digitization, in particular, creates many opportunities and risks. Due to digitization and the pandemic, the increase in homeworking will change our urban structures

e furnizimit dhe mirëmbajtja e shërbimeve ushtarake dhe mbrojtja e idesë së lirisë dhe pluralizmit në qytetin evropian. Për t'iu përgjigjur të gjitha këtyre sfidave, ne kemi nevojë për një kuptim të rreziqeve të mëtejshme dhe instrumenteve të reja të planifikimit dhe modeleve të qeverisjes. Rezilienca urbane nënkupton kapacitetin e një qyteti për t'u rikuperuar, përshtatur dhe transformuar në një strukturë të përmirësuar rindërtimi. Planifikimi urban duhet t'u përgjigjet këtyre sfidave me strategji parandaluese për të rritur resiliencën dhe për të zhvilluar më tej deklaratat e misionit dhe mjetet e planifikimit.[32]

Challenges for urban planning models

Që nga vitet 1980, koncepti i një qyteti kompakt, të përzier socialisht dhe funksionalisht është ndjekur vazhdimisht, me deficite të rënda zbatimi. Karta e Leipzigut e vitit 2007 e BE-së thekson konceptin e zhvillimit të resilient dhe të integruar urban, si dhe mbështetjen e lagjeve të privuara. Që nga viti 2020, Karta e Re e Leipzigut është plotësuar me modelin e fuqisë transformuese të qyteteve, si qytet i përbashkët i orientuar drejt së mirës, i gjelbër, produktiv dhe i drejtë. Një pyetje e rëndësishme është nëse modeli ynë aktual i planifikimit urban është ende i përballueshëm me sfidat e së ardhmes, përballë ndryshimeve klimatike dhe fatkeqësive natyrore.[33]

Pandemia e Covid 19 ka zbuluar sfida "të reja" në Evropë, p.sh., në parandalimin e rrezikut, në kujdesin shëndetësor dhe në dixhitalizim. Sidoqoftë, në shumë zona, ai vepron më shumë si një xham zmadhues, p.sh., shitore fizike, ndryshimi i lëvizshmërisë ose pabarazia sociale. Politika e zhvillimit

significantly; there will be less demand for office buildings but more demand for working spaces in residential neighborhoods. At the same time, however, care must be taken not to neglect other fundamental challenges in view of the pandemic, e.g., in climate change, but also in mobility change, demographic change, and orientation toward the common good.[34]

Memorandum Urban Resilience in Germany

In Germany, the objectives of the Leipzig Charter are implemented with the National Urban Development Policy ("Nationale Stadtentwicklungspolitik"). This policy includes expert groups, pilot studies and implementation with urban renewal projects, and also round tables about new developments. As early as Spring 2020, the first expert workshops were held in this context to discuss the consequences of the pandemic on urban development from the ministry for housing. An independent expert advisory board was founded in the autumn of 2020, the recommendations of which were published in the memorandum urban resilience in May 2021.[35] The author was the chairman of the advisory board.

With the memorandum, the concept of "urban resilience" was newly introduced into the urban development policy of Germany. The term "resilient city" was deliberately not used to avoid a one-sided urban mission statement. The resilience strategy should be integrated into the overall objective of sustainable urban development. For this reason, the narrower concept of resilience as a rebound was expanded with two more dimensions:

urban duhet t'i përgjigjet kësaj. Dixhitalizimi, në veçanti, krijon shumë mundësi dhe rreziqe. Për shkak të dixhitalizimit dhe pandemisë, rritja e detyrave të shtëpisë do të ndryshojë ndjeshëm strukturat tona urbane; do të ketë më pak kërkesa për ndërtesa zyrash por më shumë kërkesa për hapësira pune në lagjet e banimit. Në të njëjtën kohë, megjithatë, duhet pasur kujdes që të mos neglizhohen sfidat e tjera themelore në funksion të pandemisë, p.sh. në ndryshimin e klimës, por edhe në ndryshimin e lëvizshmërisë, ndryshimet demografike dhe orientimin drejt së mirës së përbashkët.[34]

Memorandum Resilienca Urbane në Gjermani

Në Gjermani, objektivat e Kartës së Lajpcigut zbatohen me Politikën Kombëtare të Zhvillimit Urban ("Nationale Stadtentwicklungspolitik"). Kjo politikë përfshin grupe ekspertësh, studime pilot dhe zbatim me projekte të rinovimit urban, si dhe tryeza të rrumbullakëta për zhvillimet e reja. Që në pranverë 2020 u mbajtën punëtoritë e para të ekspertëve në këtë kontekst për të diskutuar pasojat e pandemisë në zhvillimin urban nga ministria e strehimit. Në vjeshtën e vitit 2020 u themelua një bord këshillues i pavarur ekspertësh, rekomandimet e të cilit u publikuan në memorandumin e reziliencë urbane në maj 2021.[35] Autori ishte kryetar i bordit këshillimor.

Me memorandumin, koncepti i "resiliencë urbane" u fut rishtazi në politikën e zhvillimit urban të Gjermanisë. Termi "qytet resiliente" nuk u përdor qëllimisht për të shmangur një deklaratë të njëanshme të misionit urban. Strategjia e resiliencës duhet të integrohet në objektivin e përgjithshëm të zhvillimit

preventive adaptation to prevent or reduce the risk of future crises and transforming urban spaces to build better after the crises. This understanding of urban resilience follows the UN Habitat definition.[36]

Main elements of Urban Resilience

Increase in Importance of Preventive Approaches: The memorandum on urban resilience calls for an integrated, forward-looking urban development policy, consolidated at all spatial levels of nation, region, and municipality. This includes comprehensive analyses of the urban structure, especially regarding critical infrastructure, risk factors, and vulnerabilities, but also continuous socio-spatial monitoring of the social and climatic situation. By overlapping spatial risk assessments with social and demographic risks, focal points of action can be defined. Preventive measures are required which mitigate or even avoid the consequences of the hazardous event, with a robust and crisis-proof design. For example, a retirement home located at a hot spot with a risk of overheating must be protected or relocated. This method of overlaying risk maps is already well-developed in climate adaptation concepts, with risk prevention measures for the green, blue, gray, and white cities.

Strengthening of Neighborhoods and Public Spaces: Since future damage events are usually not precisely predictable in space and time, redundant, robust, and flexible settlement structures and infrastructure are becoming increasingly important. Open spaces close to homes are becoming more important, as places of relaxation and health in the event of a crisis, as well

të resilient urban. Për këtë arsye, koncepti më i ngushtë i resiliencës si rikuperim u zgjerua me dy dimensione të tjera: përshtatjen parandaluese për të parandaluar ose reduktuar rrezikun e krizave të ardhshme dhe transformimin e hapësirave urbane për të ndërtuar më mirë pas krizave. Ky kuptim i resiliencës urbane ndjek përkufizimin e Habitatit të OKB-së.[36]

Elementet kryesore të Resiliencës Urbane

Rritja e rëndësisë së qasjeve parandaluese: Memorandumi mbi resiliencën urbane kërkon një politikë të integruar të zhvillimit urban, largpamëse, të konsoliduar në të gjitha nivelet hapësinore të kombit, rajonit dhe komunës. Kjo përfshin analiza gjithëpërfshirëse të strukturës urbane, veçanërisht në lidhje me infrastrukturën kritike, faktorët e rrezikut dhe dobësitë, por edhe monitorimin e vazhdueshëm socio-hapësinor të situatës sociale dhe klimatike. Duke mbivendosur vlerësimet e rrezikut hapësinor me rreziqet sociale dhe demografike, mund të përcaktohen pikat kryesore të veprimit. Kërkohen masa parandaluese që zbusin apo edhe shmangin pasojat e ngjarjes së rrezikshme, me një dizajn të fortë dhe resilient ndaj krizës. Për shembull, një shtëpi për të moshuarit e vendosur në një pikë të nxehtë me rrezik mbinxehjeje duhet të mbrohet ose të zhvendoset. Kjo metodë e mbivendosjes së hartave të rrezikut është tashmë e zhvilluar mirë në konceptet e përshtatjes klimatike, me masa parandaluese të rrezikut për qytetet jeshile, blu, gri dhe të bardha.

Forcimi i lagjeve dhe hapësirave publike: Meqenëse ngjarjet e ardhshme të dëmtimit zakonisht nuk janë saktësisht të

as for improving the microclimate. With increasing levels of homeworking, improving the local supply and infrastructure in the residential areas is also necessary. The neighborhood level could become a "winner" of the pandemic, following the objectives of the compact city and short distances. All in all, public space, in particular, is gaining in importance for multiple usage claims—it has no longer to be dominantly claimed by car traffic. In any case, major changes are expected in the mobility sector: electric mobility makes cars quieter and emission-free, and autonomous driving could lead to environmentally-friendly urban mobility. The citizens could reclaim the public space as a free space, a place for movement, meetings, gastronomy, and political demonstration.

Resilience Reserves in the Municipalities: To implement urban resilience strategies, the municipalities must first carry out their basic financial and personnel tasks, provide multiple usable infrastructures, and reserve space for crisis events. If several municipalities in Germany have been under budget plight for decades and cannot even have the sidewalk repaired, they will hardly be able to undertake comprehensive crisis prevention. However, sufficient municipal equipment is a prerequisite for being able to react to crises at all. The memorandum proposes a "competence center" for urban resilience and a "task force" to support affected regions in a crisis. The flood disasters in the summer of 2021 in Ahrtal in Western Germany showed how important such "backup units" would be: a task force of urban development with mobile homes and planning capacities.

parashikueshme në hapësirë dhe kohë, strukturat dhe infrastruktura e vendbanimeve të tepërta, të forta dhe fleksibël po bëhen gjithnjë e më të rëndësishme. Hapësirat e hapura pranë banesave po bëhen më të rëndësishme, si vende relaksi dhe shëndeti në rast krize, si dhe për përmirësimin e mikroklimës. Me rritjen e niveleve të punëve të shtëpisë, është gjithashtu i nevojshëm përmirësimi i furnizimit dhe infrastrukturës lokale në zonat e banuara. Niveli i lagjes mund të bëhet "fitues" i pandemisë, duke ndjekur objektivat e qytetit kompakt dhe distanca të shkurtra. Në përgjithësi, hapësira publike, në veçanti, po fiton rëndësi për pretendimet e përdorimit të shumëfishtë - ajo nuk duhet të pretendohet më në mënyrë dominuese nga trafiku i makinave. Në çdo rast, priten ndryshime të mëdha në sektorin e lëvizshmërisë: lëvizshmëria elektrike i bën makinat më të qeta dhe pa emetim, dhe drejtimi autonom mund të çojë në lëvizshmëri urbane miqësore me mjedisin. Qytetarët mund ta rifitonin hapësirën publike si një hapësirë të lirë, një vend për lëvizje, takime, gastronomi dhe demonstrime politike.

Rezervat e resiliencës në komuna: Për të zbatuar strategjitë e resiliencë urbane, komunës të duhet së pari të kryejnë detyrat e tyre themelore financiare dhe të personelit, të ofrojnë infrastruktura të shumta të përdorshme dhe të rezervojnë hapësirë për ngjarjet e krizës. Nëse disa komuna në Gjermani kanë qenë në gjendje të vështirë buxhetore për dekada dhe nuk mund të riparojnë as trotuarin, vështirë se do të jenë në gjendje të ndërmarrin parandalimin e plotë të krizave. Megjithatë, pajisjet e mjaftueshme komunale janë një parakusht për të qenë në gjendje të reagojnë fare ndaj krizave.

Aspects of Resilience in Planning Tools and Planning Models

The German planning system is mainly based on formal planning tools at the level of the municipality, such as land use plans and zoning plans following the planning regulation act ("Flaechennutzungsplan" and "Bebauungsplan" in Baugesetzbuch). These formal planning tools are combined with informal tools such as urban development plans or urban development funding programs. Aspects such as resilience, risk prevention, climate adaptation, and health must be linked much more closely with all planning tools in the future. They should become integral to the informal, integrated urban development concepts ("Stadtentwicklungskonzept"). In addition, they must be anchored in the formal urban land use plan—although numerous options for fixing them have long existed and only have to be implemented.

An important planning tool is the redevelopment law and urban redevelopment funding ("Sanierungsrecht" and "Staedtebaufoerderung"). Aspects such as climate adaptation, health, and hygiene are already explicitly mentioned in §§ 136ff Baugesetzbuch[37]. However, unlike in the 1970s, this should not lead to extensive demolitions, even if this would be preventively and partially possible in particular areas with high risks (flood areas). Based on extensive urban analysis, specific redevelopment goals can be set in the redevelopment area. Supplemented by urban development funds, targeted measures can be implemented to strengthen resilience in the affected districts. With this set of tools, it would be possible to implement

Memorandumi propozon një "qendër kompetence" për resiliencën urbane dhe një "task-forcë" për të mbështetur rajonet e prekura në një krizë. Fatkeqësitë e përmbytjeve në verën e vitit 2021 në Ahrtal në Gjermaninë Perëndimore treguan se sa të rëndësishme do të ishin "njësi rezervë" të tilla: një task forcë e zhvillimit urban me shtëpi të lëvizshme dhe kapacitete planifikimi.

Aspektet e resiliencës në mjetet e planifikimit dhe modelet e planifikimit

Sistemi gjerman i planifikimit bazohet kryesisht në mjetet formale të planifikimit në nivel komune, siç janë planet e përdorimit të tokës dhe planet e zonave sipas aktit të rregullimit dhe të planifikimit ("Flaechennutzungsplan" dhe "Bebauungsplan" në Baugesetzbuch). Këto mjete të planifikimit formal kombinohen me mjete informale si planet e zhvillimit urban ose programet e financimit të zhvillimit urban. Aspekte të tilla si resilienca, parandalimi i rrezikut, përshtatja klimatike dhe shëndeti duhet të lidhen shumë më ngushtë me të gjitha mjetet e planifikimit në të ardhmen. Ato duhet të bëhen pjesë përbërëse e koncepteve informale dhe të integruara të zhvillimit urban ("Stadtentwicklungskonzept"). Për më tepër, ato duhet të ankorohen në planin formal të përdorimit të tokës urbane—ndonëse opsione të shumta për rregullimin e tyre kanë ekzistuar prej kohësh dhe vetëm duhet të zbatohen.

Një mjet i rëndësishëm planifikimi është ligji i rizhvillimit dhe financimi i rizhvillimit urban ("Sanierungsrecht" dhe "Staedtebaufoerderung"). Aspekte të tilla si përshtatja klimatike, shëndeti dhe

measures such as qualifying public space, realizing more green and blue infrastructure, and also demolishing selected buildings. The aspects of resilience have to be mandatory for all funding programs of urban development and urban planning tools—but they have not been implemented by the Federal government until now. The Covid-19 pandemic affects all settlement structures equally, regardless of their density. Extreme weather events can also affect all regions due to climate change. Studies on the impact of climate change on urban structures show that the planning model of the compact city serves both climate protection and climate adaptation—because it is efficient, robust, compact, and concentrated. So, it is not necessary to fundamentally question the objectives of the Leipzig Charter. However, it is therefore important to further develop the compact city model in the face of climate change and resilience to provide more greenery close to the home, greater risk management, and a qualified public space. This includes the multiple use of public spaces and the reduction of car parking facilities.[38]

Conclusions

Especially in times of crisis, it is important to develop visions, and positive images of the future, based on current experiences. Only if there is an idea of a better city in the future can we have objectives for urban development concepts. In terms of sustainable urban development, future generations' interests must be considered in particular. Sustainability also means shaping future challenges in a socially balanced and economically viable manner. In terms of participatory urban development concepts,

higjiena janë përmendur tashmë në mënyrë eksplicite në §§ 136ff Baugesetzbuch[37]. Megjithatë, ndryshe nga vitet 1970, kjo nuk duhet të çojë në prishje të gjerave, edhe nëse kjo do të ishte parandaluese dhe pjesërisht e mundur në zona të veçanta me rrezik të lartë (zona të përmbytjeve). Bazuar në analizat e gjera urbane, objektivat specifike të rizhvillimit mund të përcaktohen në zonën e rizhvillimit. Të plotësuara nga fondet e zhvillimit urban, masat e synuara mund të zbatohen për të forcuar resiliencën në rrethet e prekura. Me këtë grup mjetesh do të mund të zbatoheshin masa të tilla si kualifikimi i hapësirës publike, realizimi i më shumë infrastrukturës jeshile dhe blu, si dhe prishja e ndërtesave të përzgjedhura. Aspektet e elasticitetit duhet të jenë të detyrueshme për të gjitha programet e financimit të zhvillimit urban dhe mjeteve të planifikimit urban - por ato nuk janë zbatuar nga qeveria federale deri më tani.

Pandemia e Covid-19 prek të gjitha strukturat e vendbanimeve në mënyrë të barabartë, pavarësisht nga dendësia e tyre. Ngjarjet ekstreme të motit mund të prekin gjithashtu të gjitha rajonet për shkak të ndryshimeve klimatike. Studimet mbi ndikimin e ndryshimeve klimatike në strukturat urbane tregojnë se modeli i planifikimit të qytetit kompakt i shërben mbrojtjes klimatike dhe përshtatjes klimatike – sepse është efikas, i fortë, kompakt dhe i përqendruar. Pra, nuk është e nevojshme të vihen në dyshim objektivat e Kartës së Lajpcigut. Megjithatë, është e rëndësishme që të zhvillohet më tej modeli kompakt i qytetit përballë ndryshimeve klimatike dhe resiliencës për të ofruar më shumë gjelbërim afër shtëpisë, menaxhim më të madh të rrezikut dhe një hapësirë

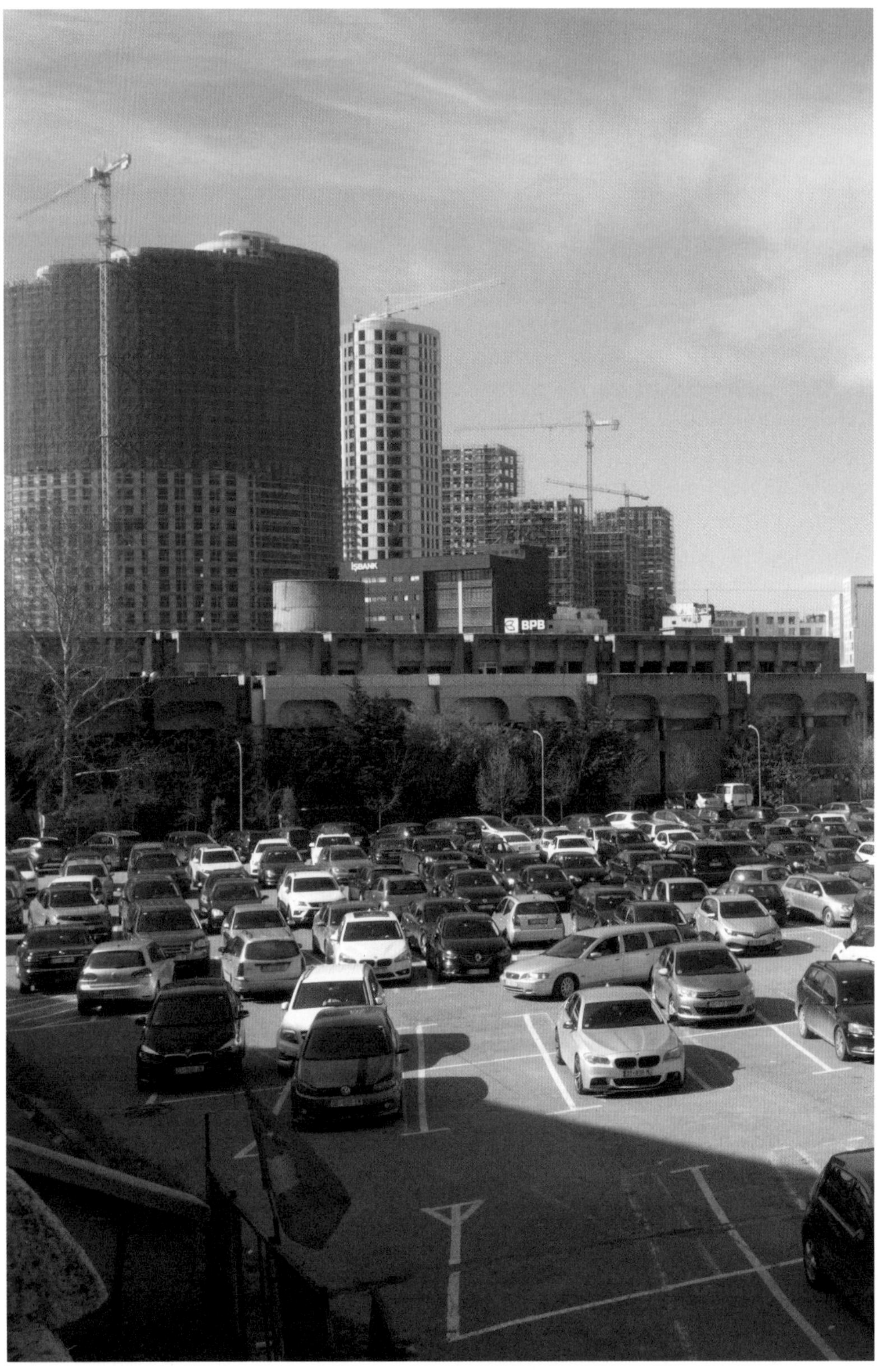
İŞBANK
BPB

there is a need for visions of the future that are developed together and are reversible and flexible. The objectives of sustainable urban development and of the Leipzig Charter have to be extended with aspects of urban resilience, especially concerning pandemics and climate change. The memorandum for urban resilience of the Federal Ministry of Housing defines resilience not only as a rebound but also as adaption and transformation, in the context of integrated urban development. The war from Russia against Ukraine makes it clear how urgent it is to implement the memorandum for urban resilience as fast as possible on all planning levels.

publike të kualifikuar. Këtu përfshihet përdorimi i shumëfishtë i hapësirave publike dhe pakësimi i ambienteve të parkimit të makinave.[38]

Konkluzione

Sidomos në kohë krize, është e rëndësishme të zhvillohen vizione dhe imazhe pozitive për të ardhmen, bazuar në përvojat aktuale. Vetëm nëse ka një ide për një qytet më të mirë në të ardhmen, mund të kemi objektiva për konceptet e zhvillimit urban. Përsa i përket zhvillimit të resiliencës urban, duhet të merren parasysh veçanërisht interesat e brezave të ardhshëm. Resiliencë nënkupton gjithashtu formësimin e sfidave të ardhshme në një mënyrë të balancuar shoqërore dhe ekonomikisht të qëndrueshme. Për sa i përket koncepteve të zhvillimit urban me pjesëmarrje, ka nevojë për vizione të së ardhmes që zhvillohen së bashku dhe janë të kthyeshme dhe fleksibile. Objektivat e zhvillimit të resiliencës urbane dhe të Kartës së Lajpcigut duhet të zgjerohen me aspekte të resiliencë urbane, veçanërisht në lidhje me pandemitë dhe ndryshimet klimatike. Memorandumi për resiliencë urbane të Ministrisë Federale të Strehimit e përcakton resiliencën jo vetëm si rikthim, por edhe si përshtatje dhe transformim, në kuadrin e zhvillimit të integruar urban. Lufta nga Rusia kundër Ukrainës e bën të qartë se sa urgjente është zbatimi i memorandumit për resiliencë urbane sa më shpejt që të jetë e mundur në të gjitha nivelet e planifikimit në Gjermani.

Endnotes

1. UNHCR in collaboration with humanitarian community and K-FOR. (07.07.1999). Kosovo Rapid Village Assessment First Cut – 7 th July 1999.
2. Herscher, A. (2014). Reconstruction: Constructing Reconstruction: Building Kosovo's Post-conflict Environment. In D. B. Monk & J. Mundy (Eds.), The Post-Conflict Environment: Investigation and Critique (pp. 165–174). University of Michigan Press.
3. Vöckler, K. (2009). Prishtina is Everywhere: Turbo-Urbanismus als Resultat einer Krise[Prishtina is Everywhere: Turbo- Urbanism as a result of a crisis]. Parthas Verlag.
4. Dahinden, J. (2005). Prishtina - Schlieren: Albanische Migrationsnetzwerke im transnationalen Raum [Prishtina-Schlieren. Albanian Migration networks in the transnational area]. (Sozialer Zusammenhalt und kultureller Pluralismus) [social solidarity and culutural Pluralism]. Seismo
5. Smith, M. P. (2003). Transnational urbanism: Locating globalization.Blackwell.
6. Kosovo Agency of Statistics. (2014). Kosovan Migration. In Ask. Retrieved March 1, 2023, from https://ask.rks-gov.net/media/1380/kosovan-migration-2014.pdf
7. Brah, A. (1996). Cartographies of diaspora: Contesting identities.Routledge.
8. Ratha, D., Seshan, G., Kim, E., & Plaza, S. (2021). Resilience: COVID-19 Crisis Through a Migration Lens—Migration and Development Brief 34. World Bank Group.
9. Monetary, I., & Dept, I. M. F. E. (2022). Republic of Kosovo: 2021 Article IV Consultation-Press Release and Staff Report. International Monetary Fund.
10. Myditi, G. (2022). Kosovarische Diaspora: Vom Überweiser zum Spekulator [Kosovar Diaspora: From the Referrer to the Speculator]. In Bauwelt 19.2022, Bauverlag.
11. METREX [Network of European Metropolitan Regions and Areas]. (2006). The METREX report - position statement for the first five years of METREX. https://www.eurometrex.org.
12. Commission, E. (1999). ESDP, European Spatial Development Perspective: Towards Balanced and Sustainable Development of the Territory of the European Union, 69.
13. Bhatta, B. (2010). Analysis of Urban Growth and Sprawl from Remote Sensing Data. Springer Science & Business Media.
14. Rocaa, J., Burnsa, M.C., & Carrerasb, J.M. (2004). Monitoring urban sprawl around Barcelona's metropolitan area with the aid of satellite imagery; Bhatta, B. (2010). Analysis of Urban Growth and Sprawl from Remote Sensing Data. Springer Science & Business Media, 5.

1. UNHCR në bashkëpunim me komunitetin humanitar dhe K-FOR (1999). Vlerësimi Preliminar i Fshatrave në Kosovë – Drafti i Parë – 7 korrik 1999
2. Herscher, A. (2014). Rindërtimi: Ndërtimi i Rindërtimit: Ndërtimi i Mjedisit të Paskonfliktit në Kosovë. In D. B. Monk & J. Mundy (Eds.), Mjedisi pas konfliktit: Hetimi dhe Kritika (f. 165–174). University of Michigan Press.
3. Vöckler, Kai (2008): Turbo-Urbanizmat në Prishtinë. Në: Prishtina është kudo. Turbo-Urbanismus als Resultat einer Krise. Berlin: Parthas-Verlag
4. Dahinden, J. (2005): Prishtina - Schlieren. Albanische Migrationsnetzwerke im transnationalen Raum. Zürich: Seismo (Sozialer Zusammenhalt und kultureller Pluralismus).
5. Smith, Michael P. (2003): Urbanizmi transnacional. Lokalizimi I globalizmit. Repr. Malden, Mass.: Blackwell Publ.
6. Agjencia e Statistikave të Kosovës ASK. (2014). Migrimi Kosovar. S. 76
7. Avtar Brah, Hartografitë e Diasporës, Londër-Nju Jork 1996, S. 193.
8. (Ratha et al., 2021);. Ratha, D., E.J. Kim, K. Jammeh, M. Vezmar, S. Plaza und G. Seshan2021 Përmbledhje e Migrimit dhe Zhvillimit 34: Qëndrueshmëria: Kriza e COVID-19 përmes një Lente Migrimi. KNOMAD, Weltbank, Washington, D.C. Abrufbar unter: www.knomad.org/publication/migration-and- development-brief-34.
9. Raporti i FMN-së për vendin nr. 22/5 Republika e Kosovës - Fondi Monetar Ndërkombëtar FMN (2022). S. 5
10. Mydyti, G. (2022): Kosovarische Diaspora: Vom Überweiser zum Spekulator. In: Bauwelt 19.2022. Berlin: Bauverlag
11. METREX [Network of European Metropolitan Regions and Areas]. (2006). The METREX report - position statement for the first five years of METREX. https://www.eurometrex.org.
12. Commission, E. (1999). ESDP, European Spatial Development Perspective: Towards Balanced and Sustainable Development of the Territory of the European Union, 69.
13. Bhatta, B. (2010). Analysis of Urban Growth and Sprawl from Remote Sensing Data. Springer Science & Business Media.
14. Rocaa, J., Burnsa, M.C., & Carrerasb, J.M. (2004). Monitoring urban sprawl around Barcelona's metropolitan area with the aid of satellite imagery; Bhatta, B. (2010). Analysis of Urban Growth and Sprawl from Remote Sensing Data. Springer Science & Business Media, 5.

15. Van Den Berg, L., Drewett, R., Klaassen, L.H., Rossi, A. and Vijverberg, N.H.T.(1982). A Study of Growth and Decline. Pergamon Press.

16. United Nations.(2006).World Urbanization Prospects,The 2005 Revision. Retrieved 20th of August 2013 from: http://www.un.org/esa/population/publications/WUP2005/2005wup.htm

17. Champion, T. (2001). Urbanization, Suburbanization, Counterurbanization and Reurbanization. In R. Padison (ed.) Handbook of Urban Studies. SAGE Publication.

18. 14th European Conference of Ministers responsible for Regional/Spatial Planning CEMAT (2006). Networks for sustainable spatial development of the European continent: bridges over Europe.

19. Cavrić, B., & Keiner, M. (2017). Upravljanje urbanim razvojem brzorastućega afričkog grada: primjer Gaboronea, Bocvana. Geoadria, 11(1), 93–121. https://doi.org/10.15291/geoadria.106

20. 14th European Conference of Ministers responsible for Regional/Spatial Planning CEMAT (2006). Networks for sustainable spatial development of the European continent: bridges over Europe.

21. Enyedi, G. (1996). Urbanization under socialism. In Andrusz, G., Harloe, M., Szelenyi, I. (Eds.), Cities after Socialism. Blackwell, 100-118.

22. Galster, G., Hanson, R., Ratcliffe, M. J. H., Wolman, H., Coleman, S., & Freihage, J. H. (2001). Wrestling Sprawl to the Ground: Defining and measuring an elusive concept. Housing Policy Debate, 12(4), 681-717. https://doi.org/10.1080/10511482.2001.9521426

23. Harvey, R. J., & Clark, W. a. V. (1965). The Nature and Economics of Urban Sprawl. Land Economics, 41(1), 1–9. https://doi.org/10.2307/3144884

24. Pendall, R. (1999b). Do land-use controls cause sprawl? Environment and Planning B: Planning and Design, 26(4), 555–571. https://doi.org/10.1068/b260555

25. Wilson, E. L., Hurd, J. D., Civco, D. L., Prisloe, M. P., & Arnold, C. (2003). Development of a geospatial model to quantify, describe and map urban growth. Remote Sensing of Environment, 86(3), 275-285. https://doi.org/10.1016/s0034-4257(03)00074-9

26. USEPA.(2012) Why should we be concerned about sprawl?. Retrieved April 24, 2012 from: www.epa.gov/region5/air/sue/sprawl/htm

27. Bhatta, B. (2010). Analysis of Urban Growth and Sprawl from Remote Sensing Data. Springer Science & Business Media.

28. Wilson, E. L., Hurd, J. D., Civco, D. L., Prisloe, M. P., & Arnold, C. (2003). Development of a geospatial model to quantify, describe and map urban growth. Remote Sensing of Environment, 86(3), 275-285. https://doi.org/10.1016/s0034-4257(03)00074-9

29. Alberti, M. (2007b). Advances in Urban Ecology: Integrating Humans and Ecological Processes in Urban Ecosystems. Springer Science & Business Media, 234.

15. Van Den Berg, L., Drewett, R., Klaassen, L.H., Rossi, A. and Vijverberg, N.H.T.(1982). A Study of Growth and Decline. Pergamon Press.

16. United Nations.(2006).World Urbanization Prospects,The 2005 Revision. Retrieved 20th of August 2013 from: http://www.un.org/esa/population/publications/WUP2005/2005wup.htm

17. Champion, T. (2001). Urbanization, Suburbanization, Counterurbanization and Reurbanization. In R. Padison (ed.) Handbook of Urban Studies. SAGE Publication.

18. 14th European Conference of Ministers responsible for Regional/Spatial Planning CEMAT (2006). Networks for sustainable spatial development of the European continent: bridges over Europe.

19. Cavrić, B., & Keiner, M. (2017). Upravljanje urbanim razvojem brzorastućega afričkog grada: primjer Gaboronea, Bocvana. Geoadria, 11(1), 93–121. https://doi.org/10.15291/geoadria.106

20. 14th European Conference of Ministers responsible for Regional/Spatial Planning CEMAT (2006). Networks for sustainable spatial development of the European continent: bridges over Europe.

21. Enyedi, G. (1996). Urbanization under socialism. In Andrusz, G., Harloe, M., Szelenyi, I. (Eds.), Cities after Socialism. Blackwell, 100-118.

22. Galster, G., Hanson, R., Ratcliffe, M. J. H., Wolman, H., Coleman, S., & Freihage, J. H. (2001). Wrestling Sprawl to the Ground: Defining and measuring an elusive concept. Housing Policy Debate, 12(4), 681-717. https://doi.org/10.1080/10511482.2001.9521426

23. Harvey, R. J., & Clark, W. a. V. (1965). The Nature and Economics of Urban Sprawl. Land Economics, 41(1), 1–9. https://doi.org/10.2307/3144884

24. Pendall, R. (1999b). Do land-use controls cause sprawl? Environment and Planning B: Planning and Design, 26(4), 555–571. https://doi.org/10.1068/b260555

25. Wilson, E. L., Hurd, J. D., Civco, D. L., Prisloe, M. P., & Arnold, C. (2003). Development of a geospatial model to quantify, describe and map urban growth. Remote Sensing of Environment, 86(3), 275-285. https://doi.org/10.1016/s0034-4257(03)00074-9

26. USEPA.(2012) Why should we be concerned about sprawl?. Retrieved April 24, 2012 from: www.epa.gov/region5/air/sue/sprawl/htm

27. Bhatta, B. (2010). Analysis of Urban Growth and Sprawl from Remote Sensing Data. Springer Science & Business Media.

28. Wilson, E. L., Hurd, J. D., Civco, D. L., Prisloe, M. P., & Arnold, C. (2003). Development of a geospatial model to quantify, describe and map urban growth. Remote Sensing of Environment, 86(3), 275-285. https://doi.org/10.1016/s0034-4257(03)00074-9

29. Alberti, M. (2007b). Advances in Urban Ecology: Integrating Humans and Ecological Processes in Urban Ecosystems. Springer Science & Business Media, 234.

30. Kotus, J. (2006). Changes in the spatial structure of a large Polish city - The case of Poznan. Cities, 23(5), 364–381. https://doi.org/10.1016/j.cities.2006.02.002

31. Sykora, L. (1999). Change in the internal spatial structure of postcommunist Prague". In GeoJurnal 49(1), 79–89; Zborowski, A. (2001). Procesy globalizacji w mies´cie postsocjalistycznym [Globalization in post-socjalist city] In Zbornik radova konferencije Miasto postsocjalistyczne-organizacja przestrzeni miejskiej i jej przemiany. XIV konwersatorium wiedzy o mies´cie, Ło´dz, 95–107.

32. RCN (Resilient City Network) (2022). What is urban resilience? https://resilientcitiesnetwork.org; UN Habitat (2022). What is urban resilience? https://unhabitat.org/topic/resilience-and-risk-reduction

33. Bundesministerium des Innern, für Bau und Heimat [BMI]. (2020). Neue Leipzig Charta [The new Leipzig charter].

34. Kurth, D. (2021) Urban Development Strategies for Resilient and Sustainable European Cities. In disP 223 · 56.4 (4/2020) 122-124

35. Bundesministerium des Innern, für Bau und Heimat [BMI]. (2021). Memorandum Urbane Resilienz [Memorandum Urban Resilience].

36. UN Habitat (2022). What is urban resilience? https://unhabitat.org/topic/resilience-and-risk-reduction

37. Baugesetzbuch [BauGB] (2022). Announcement from April 26,2022 (Bundesgesetzblatt I p. 674).

38. Koeksalan, N. (2021). Urbane Resilienz. Perspektive des Risiko- und Krisenmanagements [Urban resilience. Perspectives of risk- and crisis-management]. In Bundesministerium des Innern, für Bau und Heimat (Eds.), Memorandum Urbane Resilienz [Memorandum Urban Resilience].16-17. Rettich, S. (2021). Space Matters. In Bundesministerium des Innern, für Bau und Heimat (Eds.), Memorandum Urbane Resilienz [Memorandum Urban Resilience]. 18-23.

30. Kotus, J. (2006). Changes in the spatial structure of a large Polish city - The case of Poznan. Cities, 23(5), 364–381. https://doi.org/10.1016/j.cities.2006.02.002

31. Sykora, L. (1999). Change in the internal spatial structure of postcommunist Prague". In GeoJurnal 49(1), 79–89; Zborowski, A. (2001). Procesy globalizacji w mies´cie postsocjalistycznym [Globalization in post-socjalist city] In Zbornik radova konferencije Miasto postsocjalistyczne-organizacja przestrzeni miejskiej i jej przemiany. XIV konwersatorium wiedzy o mies´cie, Ło´dz, 95–107.

32. RCN (Resilient City Network) (2022). What is urban resilience? https://resilientcitiesnetwork.org; UN Habitat (2022). What is urban resilience? https://unhabitat.org/topic/resilience-and-risk-reduction

33. Bundesministerium des Innern, für Bau und Heimat [BMI]. (2020). Neue Leipzig Charta [The new Leipzig charter].

34. Kurth, D. (2021) Urban Development Strategies for Resilient and Sustainable European Cities. In disP 223 · 56.4 (4/2020) 122-124

35. Bundesministerium des Innern, für Bau und Heimat [BMI]. (2021). Memorandum Urbane Resilienz [Memorandum Urban Resilience].

36. UN Habitat (2022). What is urban resilience? https://unhabitat.org/topic/resilience-and-risk-reduction

37. Baugesetzbuch [BauGB] (2022). Lajmërim në 16 prill,2022 (Bundesgesetzblatt I p. 674).

38. Koeksalan, N. (2021). Urbane Resilienz. Perspektive des Risiko- und Krisenmanagements [Urban resilience. Perspectives of risk- and crisis-management]. In Bundesministerium des Innern, für Bau und Heimat (Eds.), Memorandum Urbane Resilienz [Memorandum Urban Resilience].16-17. Rettich, S. (2021). Space Matters. In Bundesministerium des Innern, für Bau und Heimat (Eds.), Memorandum Urbane Resilienz [Memorandum Urban Resilience]. 18-23.

NEWBORN
B
B
B

Part / Pjesa 05

Outlook / Pikëpamje

Part 05

Outlook

Migration as a phenomenon has always accompanied mankind and shaped cities since time immemorial. Migration has also been very influential in Kosovo's recent history, with various reasons leading to a temporary or long-term relocation of the centre of life.

The migration of Kosovo Albanians into the European labour market from the 1960s onwards and the subsequent migration of family members and friends formed the first basis of social networks in the hostlands.

Beginning in the 1990s, a change took place in Kosovo's migration. The repression of the Albanian-speaking population in Kosovo, which escalated into a war at the end of 1999, led to enormous numbers of refugees. Migration behaviour showed that the social networks of migrant workers, which had already developed since the 1960s, became the decisive criterion for choosing the destination country for war-related migration.

For those refugees, the circumstance of not being able to return to their homeland for an indefinite period represented a deep caesura in their lives. On the one hand, they were physically present in the hostlands. On the other hand, the emotional presence revolved around the abandoned home, fears and insecurities often prevented the arrival

Migrimi si fenomen ka shoqëruar gjithmonë njerëzimin dhe ka formuar qytetet që nga kohërat e lashta. Migrimi ka qenë gjithashtu shumë ndikues në historinë e re të Kosovës, me arsye të ndryshme që kanë çuar në një zhvendosje të përkohshme ose afatgjatë të qendrës së jetës. Migrimi i shqiptarëve të Kosovës në tregun evropian të punës nga vitet 1960 e tutje dhe migrimi i mëvonshëm i anëtarëve të familjes dhe miqve përbënin bazën e parë të rrjeteve sociale në vendet pritëse.

Duke filluar nga vitet e 1990-ta, ndodhi një ndryshim në migrimin e Kosovës. Represioni i popullatës shqipfolëse në Kosovë, i cili u përshkallëzua në luftë, në fund të vitit 1999, çoi në një numër të madh refugjatësh. Sjellja e migracionit tregoi se rrjetet sociale të punëtorëve migrantë, të cilat ishin zhvilluar tashmë që në vitet 1960, u bënë kriteri vendimtar për zgjedhjen e vendit të destinacionit për migrimin e lidhur me luftën.

Për ata refugjatë, rrethanat e pamundësisë për t'u kthyer në atdheun e tyre për një periudhë të pacaktuar përfaqësonte një cezurë të thellë në jetën e tyre. Nga njëra anë, ata ishin fizikisht të pranishëm në viset pritëse. Nga ana tjetër, prania emocionale rrotullohej rreth shtëpisë së braktisur, frika dhe pasiguritë shpesh pengonin mbërritjen në vendin pritës. Refugjatët ndodheshin në një gjendje të ndërmjetme midis të tashmes fizike dhe

in the host country. The refugees were located in an intermediate state between the physical present and the abandoned before. In this state, boundaries between the immanent being in the present and the transcendent being in the mind blur - the migrated individual is in a transcendent locality.

This powerlessness of the refugees was absorbed by the social networks in the hostlands, which became wider and denser with increasing migration and were based on mutual help, solidarity and trust. At that time, i.e. in the 1990s, the diaspora was motivated by a collective sense of responsibility to engage politically and socially for the homeland. During this time, the Kosovar Albanian community grew together and was united by the desire for freedom and independence.

After the war, there was great euphoria and a sense of departure – many people returned voluntarily to Kosovo to rebuild the liberated country in a joint effort. The transcendent locality as an individual place of longing, origin and desires seemed to become real and tangible in liberated Kosovo. New spaces of possibility for design opened up. The city was an attraction for both returnees and immigrants from rural areas. On the one hand, it was hoped that life in the city would improve living conditions, facilitate access to the labour market and education facilities. On the other hand, living in migration had an impact on the views of life, the way of life and also on the way of living. The communal life before the migration with several generations in mostly rural areas with clearly assigned tasks was replaced by an individual concept of life in the city. In addition to the possibility of better living

të braktisurve më parë. Në këtë gjendje, kufijtë midis qenies imanente në të tashmen dhe qenies transhendente në mendje mjegullohen - individi i migruar është në një lokalitet transcendent.

Kjo pafuqi e refugjatëve u abzorbua nga rrjetet sociale në vendet mikpritëse, të cilat u bënë më të gjera dhe më të dendura me rritjen e migrimit dhe bazoheshin në ndihmën e ndërsjellë, solidaritetin dhe besimin. Në atë kohë, pra në vitet e 1990-ta, diaspora ishte e motivuar nga ndjenja kolektive e përgjegjësisë për t'u angazhuar politikisht dhe socialisht për atdheun. Gjatë kësaj kohe, komuniteti shqiptar i Kosovës u rrit së bashku dhe u bashkua nga dëshira për liri dhe pavarësi.

Pas luftës, pati një eufori të madhe dhe një ndjenjë largimi – shumë njerëz u kthyen vullnetarisht në Kosovë për të rindërtuar vendin e çliruar në një përpjekje të përbashkët. Lokaliteti transendent si vend individual i mallit, origjinës dhe dëshirave dukej se u bë real dhe i prekshëm në Kosovën e çliruar. U hapën hapësira të reja të mundësive për dizajn. Qyteti ishte një atraksion si për të kthyerit ashtu edhe për emigrantët nga zonat rurale. Nga njëra anë, shpresohej që jeta në qytet të përmirësonte kushtet e jetesës, të lehtësonte aksesin në tregun e punës dhe objektet arsimore. Nga ana tjetër, të jetuarit në migrim ndikoi në pikëpamjet e jetës, mënyrën e jetesës dhe gjithashtu në mënyrën e të jetuarit. Jeta komunale para migrimit me disa breza në zonat kryesisht rurale me detyra të përcaktuara qartë u zëvendësua nga një koncept individual i jetës në qytet. Përveç mundësisë për kushte më të mira jetese, qyteti ishte gjithashtu një vend i publikut dhe gëzimit të përbashkët – i krahasueshëm

conditions, the city was also a place of public and shared joy – comparable to the concept of the European city according to the Leipzig Charter as a place of democracy, pluralism, rationalism and public interest, as well as public space as a place of exchange, free residence and protest.

It soon became apparent, however, that the cities could not cope with this pressure and that the housing needs could not be met by the influx of returnees, rural-urban migrants and "internationals". As a result, irreversible informal construction activities have taken place to this day, due to unclear planning responsibilities, rampant corruption and a critical reconstruction programme. Housing was needed - so it was created informally without further ado.

To this day, residents of Kosovar cities suffer from the consequences of informal development: entire districts of the city are almost completely sealed and do not have any noticeable open space structures. A defective building substance and static problems of informal extensions represent a real risk for the residents of the buildings. In addition, in many places, urban planning qualities must be created in the sense of compact and climate-friendly cities and the process of urban sprawl, which is destroying important landscape areas, must be halted.

In addition to the consequences of informal building, the lack of affordable housing is continuously increasing due to rising property prices. One of these reasons is the demand by the diaspora for real estate in the cities. The motif is quite relevant here: Real estate investments are not always pure

me konceptin e qytetit evropian sipas Kartës së Lajpcigut si një vend i demokracisë, pluralizmit, racionalizmit dhe interesit publik, si hapësirë publike si vend shkëmbimi, vendbanimi dhe proteste të lirë.

Megjithatë, shpejt u bë e qartë se qytetet nuk mund ta përballonin këtë presion dhe se nevojat për strehim nuk mund të plotësoheshin nga fluksi i të kthyerve, emigrantëve nga fshati-qytet dhe "ndërkombëtarët". Si rezultat, aktivitete të pakthyeshme ndërtimi informale janë zhvilluar deri më sot, për shkak të përgjegjësive të paqarta të planifikimit, korrupsionit të shfrenuar dhe një programi kritik rindërtimi. Strehimi ishte i nevojshëm - kështu që u krijua joformalisht pa vonesë të mëtejshme.

Edhe sot e kësaj dite, banorët e qyteteve kosovare vuajnë nga pasojat e zhvillimit joformal: rrethe të tëra të qytetit janë pothuajse plotësisht të mbyllura dhe nuk kanë ndonjë strukturë të dukshme të hapësirës së hapur. Një substancë ndërtimi me defekt dhe problemet statike të zgjerimeve informale përbëjnë një rrezik real për banorët e ndërtesave. Për më tepër, në shumë vende, duhet të krijohen cilësi urbanistike në kuptimin e qyteteve kompakte dhe miqësore me klimën dhe duhet të ndalet procesi i shtrirjes urbane, i cili po shkatërron zona të rëndësishme peizazhi.

Përveç pasojave të ndërtimeve informale, mungesa e banesave të përballueshme po rritet vazhdimisht për shkak të rritjes së çmimeve të pronave. Një nga këto arsye është edhe kërkesa e diasporës për prona të paluajtshme nëpër qytete. Motivi është mjaft i rëndësishëm këtu: Investimet në pasuri të paluajtshme nuk janë gjithmonë investime të pastra

capital investments – they form a physical connection to the homeland. This phenomenon can be explained by the concept of translocality, which is growing not only in the Kosovar-Albanian diaspora, but also worldwide. It describes the ability of people to be present in several places at the same time and is expressed in Kosovo by the fact that the diaspora often has a second home in the homeland. These second homes, which are only used seasonally, lead to different conflicts: infrastructures are provided that are only used for a fraction of a year. The maintenance of these must be financed by the people living in Kosovo through taxes. In addition, many infrastructures are overloaded during the main holiday season in summer.

Migration and translocality thus have a far-reaching influence on the development of Kosovar cities and on the social fabric. In addition to these very specific challenges, politics, planning and society also have to deal with other global challenges at local level: climate change becomes particularly dangerous for sensitive population groups during the summer months and leads to an increase in the number of deaths; heavy rains threaten all population groups and endanger critical infrastructures such as hospitals, archives, power plants or military installations. Pandemics strain health systems and change the importance of public spaces. Wars and crises lead to disruptions in supply cycles and thus to supply bottlenecks, while critical infrastructure is increasingly under threat.

In order to be able to solve these common challenges, visions and short- as well as long-term strategies are needed. For sustainable and resilient

kapitale – ato formojnë një lidhje fizike me atdheun. Kjo dukuri mund të shpjegohet me konceptin e translokalitetit, i cili po rritet jo vetëm në diasporën kosovaro-shqiptare, por edhe në mbarë botën. Translokaliteti përshkruan aftësinë e njerëzve për të qenë të pranishëm në disa vende në të njëjtën kohë dhe shprehet në Kosovë me faktin se diaspora shpesh ka një shtëpi të dytë në atdhe. Këto shtëpi të dyta, të cilat përdoren vetëm sezonalisht, çojnë në konflikte të ndryshme: ofrohen infrastruktura që përdoren vetëm për një pjesë të vitit. Mirëmbajtja e tyre duhet të financohet nga njerëzit që jetojnë në Kosovë përmes taksave. Përveç kësaj, shumë infrastruktura mbingarkohen gjatë sezonit kryesor të pushimeve në verë.

Kështu, migrimi dhe translokaliteti kanë një ndikim të gjerë në zhvillimin e qyteteve kosovare dhe në strukturën sociale. Përveç këtyre sfidave shumë specifike, politika, planifikimi dhe shoqëria duhet të përballen edhe me sfida të tjera globale në nivel lokal: ndryshimi i klimës bëhet veçanërisht i rrezikshëm për grupet e ndjeshme të popullsisë gjatë muajve të verës dhe çon në një rritje të numrit të vdekjeve; Rreshjet e dendura kërcënojnë të gjitha grupet e popullsisë dhe rrezikojnë infrastrukturat kritike si spitalet, arkivat, termocentralet apo instalimet ushtarake. Pandemitë tensionojnë sistemet shëndetësore dhe ndryshojnë rëndësinë e hapësirave publike. Luftërat dhe krizat çojnë në ndërprerje në ciklet e furnizimit dhe në këtë mënyrë në pengesa të furnizimit, ndërkohë që infrastruktura kritike është gjithnjë e më shumë nën kërcënim.

Për të qenë në gjendje për të zgjidhur këto sfida të përbashkëta, nevojiten vizione dhe strategji

planning, the question is how to formulate long-term development perspectives in cities while allowing room to respond flexibly to short-term dynamics.

Kosovar society has already proved to be a resilient community during the political upheaval of the 1990s and after the war. The transcendent locality formed an individual place of longings and desires. Now is the time to create spaces of opportunity, to face up to the new challenges and to once again demonstrate resilience as a society. To achieve this, it is necessary to formulate wishes, needs and visions on how to live together, how to react to advancing migration and how to enable succeeding generations to have a future worth living in.

One of the most important prerequisites for progressing towards a common consensus is to raise awareness of the challenges ahead through participatory processes and to hold a debate on how to tackle them together. In the next step, the resulting visions can form the framework for planning how to develop urban planning concepts in order to ensure a good life in the city and in the neighbourhoods.

Such a societal debate must be seen as a task by stakeholders of all disciplines, but above all by urban planning. Short-term solutions to acute problems are to be offered as well as long-term solutions to sustainable and resilient urban development in order to create good quality of life for present and future generations.

afatshkurtra dhe afatgjata. Për një planifikim të qëndrueshëm dhe resilient, pyetja është se si të formulohen perspektivat afatgjata të zhvillimit në qytete duke lënë hapësirë për t'iu përgjigjur në mënyrë fleksibile dinamikave afatshkurtra. Shoqëria kosovare tashmë është dëshmuar se është një komunitet resilient gjatë trazirave politike të viteve 1990 dhe pas luftës. Lokaliteti transendent formoi një vend individual malli dhe dëshirash. Tani është koha për të krijuar hapësira mundësish, për t'u përballur me sfidat e reja dhe për të demonstruar edhe një herë resiliencën si shoqëri. Për ta arritur këtë, është e nevojshme të formulohen dëshirat, nevojat dhe vizionet se si të jetojmë së bashku, si të reagojmë ndaj përparimit të migrimit dhe si t'u mundësojmë brezave të ardhshëm të kenë një të ardhme që ia vlen të jetohet.

Një nga parakushtet më të rëndësishme për përparimin drejt një konsensusi të përbashkët është rritja e ndërgjegjësimit për sfidat përpara përmes proceseve pjesëmarrëse dhe mbajtja e një debati se si t'i trajtojmë ato së bashku. Në hapin tjetër, vizionet që rezultojnë mund të formojnë kornizën për planifikimin se si të zhvillohen konceptet e planifikimit urban në mënyrë që të sigurohet një jetë e mirë në qytet dhe në lagje.

Një debat i tillë shoqëror duhet parë si detyrë nga aktorët e të gjitha disiplinave, por mbi të gjitha nga planifikimi urban. Duhet të ofrohen zgjidhje afatshkurtra për problemet akute, si dhe zgjidhje afatgjata për zhvillimin urban të qëndrueshëm dhe resilient në mënyrë që të krijohet cilësi e mirë e jetës për brezat e tanishëm dhe të ardhshëm.

Biogrophies / Biografitë

Poliksen Qorri-Dragaj
is an urban planner and research assistant at the Chair of Urban Planning at the RPTU Kaiserslautern-Landau, Germany. She studied architecture with specialization in urban planning at the Karlsruhe Institute of Technology. After graduating her studies in 2014, she worked as an urban planner at the planning office berchtoldkrass in Karlsruhe. Her teaching focuses on urban design with an emphasis on urban climate adaptation, resilient urban development and mobility. As part of her PhD, she is researching the spatial effects of war and migration in Kosovar cities. Poliksen Qorri-Dragaj is currently participating in the research project "ReConstructionModules and Integrated Urban Development Ukraine" of RPTU Kaiserslautern-Landau, BTU Cottbus, TH Lübeck and TU Berlin, which is funded by the German Academic Exchange Service (DAAD). It offers teaching and exchange formats on topics related to the reconstruction of destroyed Ukrainian cities.

As an urban planner, her work ranges from classical framework planning and development concepts to mission statement development, interdisciplinary urban climate adaptation planning and overarching spatial analyses. Among others, Poliksen Qorri-Dragaj has led the following selected projects for berchtoldkrass: Klimaanpassungskonzept / Climate Adaptation Concept, Freiburg im Breisgau: Due to its geographical location in the Upper Rhine Graben, the city of Freiburg i. Br. is one of the places with the highest average temperatures in Germany and is already feeling the effects of climate change on the well-being and health of its

Poliksen Qorri Dragaj
është urbaniste dhe asistente kërkimore në Katedrën e Planifikimit Urban në RPTU Kaiserslautern-Landau, Gjermani. Ajo ka studiuar arkitekturë me specializim në planifikim urban në Institutin e Teknologjisë në Karlsruhe. Pas diplomimit të studimeve në vitin 2014, ajo punoi si planifikuese urbane në zyrën e planifikimit berchtoldkrass në Karlsruhe. Mësimdhënia e saj fokusohet në dizajnin urban me një theks në përshtatjen e klimës urbane, zhvillimin urban resilient dhe mobilitetit. Si pjesë e doktoratës së saj, ajo është duke hulumtuar efektet hapësinore të luftës dhe migrimit në qytetet kosovare. Poliksen Qorri-Dragaj aktualisht po merr pjesë në projektin kërkimor "ReConstructionModules and Integrated Urban Development Ukraine" të RPTU Kaiserslautern-Landau, BTU Cottbus, TH Lübeck dhe TU Berlin, i cili financohet nga Shërbimi Gjerman i Shkëmbimeve Akademike (DAAD). Ai ofron formate mësimore dhe shkëmbimi për tema që lidhen me rindërtimin e qyteteve të shkatërruara të Ukrainës.

Si një planifikuese urbane, puna e saj varion nga konceptet e planifikimit dhe zhvillimit të kornizës klasike deri te zhvillimi i deklaratës së misionit, planifikimi ndërdisiplinor i përshtatjes së klimës urbane dhe analizat gjithëpërfshirëse hapësinore. Ndër të tjera, Poliksen Qorri-Dragaj ka udhëhequr projektet e mëposhtme të përzgjedhura për berchtoldkrass: Klimaanpassungskonzept / Koncepti i Përshtatjes Klimatike, Freiburg im Breisgau: Për shkak të vendndodhjes së tij gjeografike në Rhine Graben të Epërm, qyteti i Freiburg i. Br. është një nga vendet me temperaturat mesatare më të larta në

inhabitants. In order to actively and proactively counteract the future significantly increasing pressures, the climate adaptation concept was developed. The project was awarded in the "Climate Adaptation" category at the "Climate-Active Municipalities 2019" competition organized by the Federal Ministry for the Environment and the German Institute of Urban Affairs. It is nominated for the German Urban Development Prize 2023 in the category "Special Prize – Shaping Climate Change", announced by the German Academy for Urban Development and Regional Planning (DASL) Entwicklungsperspektive / Spatial development perspective Winterthur 2040: In recent years, the City of Winterthur has focused on carrying out long-term planning for areas with high pressure to act. The urban planning model shows how the city of Winterthur can develop sustainably by 2040. Future challenges for the city will be identified and the corresponding scope for development explored.

Mission Statement Baiersbronn Unterdorf: The project is accompanied by a broad public participation. The basic framework of the concept consists of three components: a "guideline" with the principles for the development, a "plan" for the concretization of the measures and a "script" for the presentation of the process.

In the various projects Poliksen Qorri-Dragaj develops visualization strategies to represent urban planning concepts in digital and analog form.

Gjermani dhe tashmë po ndjen efektet e ndryshimeve klimatike në mirëqenien dhe shëndetin e banorëve të saj. Për të kundërshtuar në mënyrë aktive dhe proaktive presionet në rritje të konsiderueshme në të ardhmen, u zhvillua koncepti i përshtatjes klimatike. Projekti u vlerësua në kategorinë "Përshtatja klimatike" në konkursin "Bashkitë Aktive në Klimë 2019" organizuar nga Ministria Federale për Mjedisin dhe Instituti Gjerman i Çështjeve Urbane. Është nominuar për Çmimin Gjerman për Zhvillimin Urban 2023 në kategorinë "Çmimi Special – Formësimi i Ndryshimeve Klimatike", shpallur nga Akademia Gjermane për Zhvillim Urban dhe Planifikim Rajonal (DASL) Entwicklungsperspektive / Perspektiva e zhvillimit hapësinor Winterthur 2040. Në vitet e fundit, qyteti i Winterthur-it është fokusuar në kryerjen e planifikimit afatgjatë për zonat me presion të lartë për të vepruar. Modeli i planifikimit urban tregon se si qyteti i Winterthur-it mund të zhvillohet në mënyrë të qëndrueshme deri në vitin 2040. Sfidat e ardhshme për qytetin do të identifikohen dhe do të eksplorohet hapësira përkatëse për zhvillim.

Deklarata e Misionit Baiersbronn Unterdorf: Projekti shoqërohet nga një pjesëmarrje e gjerë publike. Kuadri bazë i konceptit përbëhet nga tre komponentë: një "udhëzues" me parimet e zhvillimit, një "plan" për konkretizimin e masave dhe një "skrip" për paraqitjen e procesit. Në projektet e ndryshme Poliksen Qorri-Dragaj zhvillon strategji vizualizimi për të përfaqësuar konceptet e planifikimit urban në formë dixhitale dhe analoge.

Hamdi Qorri

is an architect and urban planner. He graduated with a degree in Architecture from the University of Prishtina. His broad architectural portfolio includes work of different scales and typologies, such as residential housing, sports and recreation centres, Urban and Municipal Development Plans and Local development strategies. Hamdi Qorri started his professional career from 1985-1988 as Head of the Department for Urbanism of the Municipality of Drenas. He was responsible for the implementation of the General Urban Plan and the detailed urban plan. He coordinated the preparation of locations and supervised the realization of constructions as well. Hamdi Qorri served until 1990 as Chairman of the Municipal Assembly in Drenas and was responsible for the implementation of the Statute of the Municipality and the implementation of laws. Simultaneously he managed the atelier for design and planning „TES".

After the war Hamdi Qorri worked from 2000 – 2005 as the Director of the Directorate for Urbanism and Environmental Protection at the Municipality of Drenas. His fields of activity included the coordination and drafting of urban plans as well as the management of the directory. He was responsible for draft decisions from the competence of the Directorate. As a project manager at "Women for Women" in Prishtina 2005-2007 he coordinated the relay of the Social Housing project and the Community center in Vushtrri, supervized the project implementation and held professional correspondence with the investor "HEKS" in Switzerland.

Hamdi Qorri

është arkitekt dhe urbanist. Ai u diplomua për Arkitekturë në Universitetin e Prishtinës. Portofolio e tij e gjerë arkitektonik përfshin punë të shkallëve dhe tipologjive të ndryshme, si banesa rezidenciale, qendra sportive dhe rekreative, Plane Zhvillimore Urbane dhe Bashkiake dhe strategji të zhvillimit lokal. Hamdi Qorri e filloi karrierën e tij profesionale nga viti 1985-1988 si Kryetar i Departamentit për Urbanizëm në Komunën e Drenasit. Ai ishte përgjegjës për zbatimin e Planit të Përgjithshëm Urbanistik dhe të Planit të Detajuar Urbanistik. Ai ka koordinuar përgatitjen e lokacioneve dhe ka mbikëqyrur edhe realizimin e ndërtimeve. Hamdi Qorri shërbeu deri në vitin 1990 si Kryetar i Kuvendit Komunal të Drenasit dhe ishte përgjegjës për zbatimin e Statutit të Komunës dhe zbatimin e ligjeve. Njëkohësisht ai menaxhoi atelienë për projektim dhe planifikim "TES".

Pas luftës Hamdi Qorri ka punuar nga viti 2000 – 2005 si Drejtor i Drejtorisë për Urbanizëm dhe Mbrojtjen e Mjedisit në Komunën e Drenasit. Fushat e tij të veprimtarisë përfshinin koordinimin dhe hartimin e planeve urbanistike si dhe menaxhimin e drejtorisë. Ai ishte përgjegjës për projektvendimet nga kompetenca e Drejtorisë. Si menaxher i projektit në "Gratë për Gratë" në Prishtinë 2005-2007 ka koordinuar stafetën e projektit të Strehimit Social dhe Qendrës Komunitare në Vushtrri, ka mbikëqyrur zbatimin e projektit dhe ka mbajtur korrespondencë profesionale me investitorin "HEKS" në Zvicër.

Në vitin 2000 Hamdi Qorri themeloi zyrën "Inxhiniering" në Drenas. Si arkitekt,

In 2000, Hamdi Qorri founded the office "Inxhiniering" in Drenas. As an architect, his portfolio includes numerous completed residential buildings, cultural buildings, recreation centers as well as participation in various competitions, such as his contribution to the competition for the Dr. Ibrahim Rugova Opera and Ballet House in Prishtina. Hamdi Qorri was also a juror of the International Jury for the Museum of Modern Arts in Pristina. As an urban planner, he has experience in development plans and strategies at the urban and municipal level.

Hamdi Qorri completed in 2017 his dissertation on "Urban sprawl as a phenomenon in a transitional context - causes, consequences and their impact in spatial planning" at the University of Sarajevo.

Dafina Morina

is a senior conservator working for the National Museum of Kosovo since 2007. She completed her undergraduate studies in Cultural Heritage at the Faculty of Philosophy of the University of Prishtina, and her master-level studies on Conservation-Restoration of Cultural Heritage at the University of Bologna, Campus of Ravenna in Italy. Her main goal is the analysis and preparation of the restoration and storage of museum collections, including preparing policies and procedures related to the preservation of museum collections. Additionally, she is involved in developing new audiences and manages projects promoting cultural heritage.

She has conducted professional research in the field of museology, with a focus on

portofoli i tij përfshin shumë objekte banimi të përfunduara, objekte kulturore, qendra rekreative si dhe pjesëmarrje në konkurse të ndryshme, si kontributi i tij në konkursin për Shtëpinë e Operës dhe Baletit Dr. Ibrahim Rugova në Prishtinë. Hamdi Qorri ishte edhe juri i Jurisë Ndërkombëtare për Muzeun e Arteve Moderne në Prishtinë. Si urbanist ka përvojë në plane dhe strategji zhvillimore në nivel urban dhe komunal.

Hamdi Qorri përfundoi në vitin 2017 disertacionin e tij me temë "Zgjerimi urban si fenomen në një kontekst tranzicional – shkaqet, pasojat dhe ndikimi i tyre në planifikimin hapësinor" në Universitetin e Sarajevës.

Dafina Morina

është restauruese e lartë e cila punon në Muzeun Kombëtar të Kosovës që nga viti 2007. Ajo ka përfunduar studimet universitare për Trashëgimi Kulturore në Fakultetin Filozofik të Universitetit të Prishtinës dhe studimet master për Konservim-Restaurim të Trashëgimisë Kulturore në Universitetin e Bolonjës, Kampusi i Ravenës në Itali. Qëllimi i saj kryesor është analiza dhe përgatitja e restaurimit dhe ruajtjes së koleksioneve muzeale, duke përfshirë përgatitjen e politikave dhe procedurave në lidhje me ruajtjen e koleksioneve muzeale. Përveç kësaj, ajo është e përfshirë në zhvillimin e audiencave të reja dhe menaxhon projekte që promovojnë trashëgiminë kulturore.

Ajo ka kryer hulumtime profesionale në fushën e muzeologjisë, me fokus në analizën dhe studimet e fizibilitetit të muzeve ekzistuese kombëtare dhe lokale në territorin e

analysis and on feasibility studies of the existing national and local museums in the territory of the Republic of Kosovo. The purpose of her research is to reflect and identify the types of museums and their collection, establishment, exhibition, and interpretation of cultural heritage, in order to develop a common vision of museums based on international practices.

In the past years she has been involved in several cultural heritage peace-building programs through art and trained to facilitate museum professionals on a tactile access at the Royal Institute for the Blind, Birmingham, UK. Her main contribution is identifying the main systemic challenges, causes, problems, needs and opportunities/ potentials of preserving and promoting cultural heritage.

Detlef Kurth
has served as a professor at the RPTU Kaiserslautern-Landau, Chair for Urban Planning since 2017, and has previously been a professor at the University of Applied Sciences in Stuttgart. He has also been a visiting professor at the Universities of Cardiff in the UK, Krakow in Poland, and Hong Kong in China. His main research activities include sustainable urban development, energyefficient cities, urban regeneration, social cities, self-driving cars, and new forms of mobility.

Lisa Brandstetter
is an architect currently working as research assistant at the Chair of Urban Planning at the RPTU Kaiserslautern-Landau, Germany.

Republikës së Kosovës. Qëllimi i kërkimit të saj është të reflektojë dhe identifikojë llojet e muzeve dhe mbledhjen, ngritjen, ekspozimin dhe interpretimin e tyre të trashëgimisë kulturore, në mënyrë që të zhvillojë një vizion të përbashkët të muzeve bazuar në praktikat ndërkombëtare.

Në vitet e kaluara ajo ka qenë e përfshirë në disa programe të ndërtimit të paqes të trashëgimisë kulturore përmes artit dhe është trajnuar për të lehtësuar profesionistët e muzeut në një akses të prekshëm në Institutin Mbretëror për të Verbërit, Birmingham, MB. Kontributi i saj kryesor është identifikimi i sfidave kryesore sistemike, shkaqeve, problemeve, nevojave dhe mundësive ose potencialeve të ruajtjes dhe promovimit të trashëgimisë kulturore.

Detlef Kurth
është profesor në RPTU Kaiserslautern-Landau, Katedra për Planifikimin Urban që nga viti 2017, dhe më parë ka qenë profesor në Universitetin e Shkencave të Aplikuara në Shtutgart. Ai ka qenë gjithashtu profesor vizitues në Universitetet e Cardiff-it në MB, Krakovit në Poloni dhe Hong Kongut në Kinë. Aktivitetet e tij kryesore kërkimore përfshijnë zhvillimin e qëndrueshëm urban, qytetet me efikasitet energjetik, rigjenerimin urban, qytetet sociale, makinat vetë-drejtuese dhe format e reja të lëvizshmërisë.

Lisa Brandstetter
është arkitekte që aktualisht punon si asistente kërkimore në Katedrën e Planifikimit Urban në RPTU Kaiserslautern-Landau, Gjermani. Ajo ka studiuar arkitekturë

She studied architecture with specialization in urban planning at the Karlsruhe Institute of Technology. For the las seven years, she has been working for an urban project development company in Mannheim, Germany which is developing and converting the former US military areas in the city of Mannheim. Her main interests are in the field of building and planning in the context of existing structures and range from conceptual work to actual project management and construction execution.

me specializim në planifikim urban në Institutin e Teknologjisë në Karlsruhe. Për shtatë vitet e fundit, ajo ka punuar për një kompani të zhvillimit të projekteve urbane në Mannheim, Gjermani, e cila po zhvillon dhe konverton ish-zonat ushtarake amerikane në qytetin Mannheim. Interesat e saj kryesore janë në fushën e ndërtimit dhe planifikimit në kontekstin e strukturave ekzistuese dhe variojnë nga puna konceptuale deri te menaxhimi aktual i projektit dhe ekzekutimi i ndërtimit.

Poliksen Qorri Dragaj
& Hamdi Qorri
rks^2 | transcendent locality

Pavilion of the Republic of Kosovo /
Pavijoni i Republikës së Kosovës

Commissioner / Komisionere
Dafina Morina

Organizer / Organizues
The Ministry of Culture, Youth and Sports of the Republic of Kosovo / Ministria e Kulturës, Rinisë dhe Sportit e Republikës së Kosovës

Minister / Ministër
Hajrulla Çeku

Team / Ekipi
Producer / Producent
Engjëll Berisha

Public Relations / Marrëdhanie me publikun
Simon Kurti

Design / Dizajni
Jetë Dobranja

International PR / MP ndërkombëtarë
Close Encounters PR | Nadia Fatnassi

German-speaking media relations /
Marrëdhëniet me mediat Gjermanofolëse
Kathrin Luz Communication | Kathrin Luz

Catalogue / Katalogu
Texts / Tekstet
Poliksen Qorri Dragaj, Hamdi Qorri, Detlef Kurth, Lisa Brandstetter

Part 3 / Pjesa 3
Elona Beqiraj, Arbër Gashi, Philipp Majer & Zymryte Hoxhaj,
Marcia-Rebecca Singer, Valbona Zherka

Photographs / Fotografi
Poliksen Qorri-Dragaj, Engjëll Berisha

Ilustrations / Ilustrimet
Poliksen Qorri-Dragaj

Translation / Perkthimi
Argzon Bujupaj, Engjëll Berisha

Published and distributed by /
Botues dhe distributor
Mousse Publishing
Contrappunto s.r.l.
Via Pier Candido Decembrio 28,
20137, Milan–Italy

Available through /
Në dispozicion përmes
Mousse Publishing, Milan
moussemagazine.it

DAP | Distributed Art Publishers, New York
artbook.com

Les presses du réel, Dijon
lespressesdureel.com

Antenne Books, London
antennebooks.com

Printed in Italy by Intergrafica Verona

First edition: 2023
ISBN 978-88-6749-586-3

€ 25 / $ 29.95

Special thanks to / Falenderime të veçanta për

Agim Demaj, Agon Dana, Akil Dragaj, Alisa Gojani Berisha, Ardian Selishta, Ardita Byci-Jakupi, Arnisa Kryeziu, Arlinda Hajrullahu, Argzon Bujupaj, Aslihan Demirtas, Atdhe Prelvukaj, Barış Karamuço, Bekim Ramku, Besim Shala, Bujar Demjaha, Bujar Dragaj, Bulëza Qorri, Carl-Philipp Roth, Dafina Bacaliu, Dea Luma, Doruntina Kastrati, Diamant Kastrati, Driton Blakçori, Dren Elshani, Egzontina Thaqi, Eronita Januzaj, Feim Hoxha, Fisnik Cani, Florina Jerliu, Gentiana Pallaska, Henner Haß, Jehona Kicaj, Jehona Shyti, Jona Qorri Muja, Kadrush Grezda, Klodeta Krasniqi, Lendita Haxhitasim, Ledina Sinani, Liman Krasniqi, Luca Molinari, Maksut Vezgishi - Maksi, Masar Dushi, Nijazi Cena, Nita Llonçari, Nora Arapi Krasniqi, Nusret Elshani, Rozafa Basha, Rozafa Imami, Sebil Şpat Brahloka, Selvije Qorri, Sevdije Gashi, Vatra Abrashi, Vjollca Aliu, Ylber Vokshi - Ylli, Zana Fetiu